人天居所

藏傳佛教宗派名寺

何杰峰・著

目錄

「南藏」聖地：
藏傳佛教寧瑪派名寺──敏竹林寺

「法耀衛藏」：
藏傳佛教格魯派祖庭──甘丹寺

小結

藏傳佛教寺院概覽

寺院，又被稱為伽藍、蘭若、精舍、叢林、寶剎，它是蘊含深厚文化、歷史、哲學內容，具有獨特光彩與魅力的一種重要建築形式和意義象徵，通常是指供奉佛像、存入佛經、舉行佛事活動、供僧眾們生活起居等具有多種綜合功能的佛教建築群。由於佛教在世界各地的流傳，佛教寺院作為佛教傳播的重要載體在不同地區的文化圈（主要是指南亞文化圈、中原文化圈、藏文化圈）中逐漸形成了不同的寺院布局、結構、組織模式，成為佛教地方化、民族化的重要組成部分，在佛教思想內涵中具有獨特的地位。藏傳佛教的寺院是佛教在藏民族的世襲地──雪域高原這一獨特環境下孕育形成的，是佛教在這一地區傳播生長的重要外在形式之一，它有著諸多自我個性和特徵。

一、藏傳佛教寺院的內涵

藏傳佛教寺院是區別與南亞佛教寺院、漢傳佛教寺院的佛教寺院三大類型之一。它發端於藏民族的歷史深處，蘊藉了古代雪域佛教的內涵，凝聚著藏族人民的深厚感情、心情意識和審美觀念，包容人與自然、歷史與文化、宗教與傳說的文化載體，是藏傳佛教文化圈的主要內容和表現。因此，藏傳佛教寺院可以說是承載藏傳佛教教理思想、包涵藏族文化個性的結合體。

具體從分布來說，藏傳佛教寺院是以最早的藏傳佛教佛堂（大昭寺、小昭寺）、佛寺（桑耶寺）所在地的拉薩河穀為中心不斷向外擴展，最終延伸至整個藏區內外，並且呈現出次第分布、交通沿線分布及不同教派寺院交錯分布的格局。從現在的行政區劃來看，藏傳佛教寺院主要包括西藏地區的藏傳佛教文化中心傳統寺院，甘肅、青海、內蒙古、四川、雲南等地區的藏傳佛教文化次中心傳統寺院，中原地區、印度錫金、拉達克地區、尼泊爾、不丹、俄羅斯的布利亞特、伊爾庫茨克、圖瓦等傳統週邊地區藏傳佛教寺院，以及當代西方國家新建的藏傳佛教寺院。

這些寺院的共性就是都以傳承藏傳佛教的教派教理為使命，以傳播藏傳佛教思想文化為內容，並由此在藏傳佛教寺院建築上體現出以「三界」層次作為布局，配上悠久獨特的地方

風情和民俗特色，把佛教的宇宙觀呈現出來的自有獨特風格。具體來說，其主要表現在含有豐富佛教哲理及對密乘豐富情感具體展現的特有寺院樣式和寺院結構上。

藏傳佛教寺院的特有樣式主要是指其金頂（採取梁架式結構，簷四周飾有斗拱，內部立柱支承長額，其上構成梁架，用橫樑柱托檁，構成金頂的坡度；並有各種鎏金飾物，如寶塔、倒鐘、寶輪、金盤、金鹿、覆蓮、金幢經幡、套獸等）、門窗（多為長方形，較內地門窗用材小，窗上設小窗戶為可開啟部分，門窗靠外牆處都塗成上小下大的梯形黑框，突出牆面。考究的住宅和寺院常在土上摻加黑煙、清油和酥油等磨光，使門窗框增加光澤。門窗上的端簷口，有多層小椽逐層挑出，承托小簷口，上為石板或阿噶土面層，有防水及保護牆面、遮陽的作用，也有很好的裝飾效果，門框刻有細緻的連續幾何圖案或卷草、彩畫等）、樑柱（梁上常施彩畫，梁頭、雀替則多用高肉木雕或鏤空木雕花飾，塗重彩，色彩豔麗、渾厚，與室內木柱等連成整體，有一定的藝術效果。柱為木柱，一般無柱礎，呈正方形、圓形、八角形以及「亞」字形。寺院和居民中經堂的柱頭、柱身常裝飾著各種花飾雕鏤或彩畫，主要圖案有覆蓮、仰蓮、卷草、雲紋、火焰及寶輪等等，富有濃厚的宗教色彩）、彩畫（一類多用於內裝修木部，如額枋、柱頭、柱身、雀替、椽頭、椽枋以及門窗櫺和經堂、佛殿、主居室、會客室等天棚線腳等；一類用於壁畫，講究者常常採用瀝粉貼金，位置多見於殿內或靈堂內，以及天井院落兩側或殿前回廊

的壁上。常見圖案有釋迦牟尼佛和黃教始祖宗喀巴傳記、故事畫，歷代藏王、大師的肖像，四大天王、十八羅漢以及禮佛圖等；圖案如：西蕃蓮、梵文、寶相花、石榴花和八吉祥等）等寺院建築部位體現出的匠心設計和獨特韻意。

藏傳佛教寺院的獨具寺院結構主要是指其空筒式的寺院單體建築（因藏傳佛教寺廟的大殿內貢奉佛像高大，但進深很小，故內部呈空筒式，在空筒四周又修有層數不等的圍廊。各層圍廊間，有樓梯相通，可以逐層上達。牆面上修有許多假窗，並加上許多橫向裝飾）和擴散式的寺院建築布局（這主要是指藏傳佛教寺院在建築群體上沒有中軸線，沒有對稱的房屋布局，也沒有層層重疊的四合院。主體建築為佛殿和紮倉，居於寺內的重要位置。其他建築，如活佛住處、喇嘛們住處、印經院、講經院、講經壇、塔等，則圍繞殿和紮倉布列，外面以厚牆環繞，剖面呈梯形）上。

這些寺院在文化上（藏傳佛教式的）、建築上（受到尼泊爾和印度犍陀羅、波斯、漢式等文化影響，結合藏民族圖騰和苯教文化發展而成）、功能上（是適合高原環境的）的個性展現，構成了一幅駐於雪域高原，連綿於漢地、蒙古、不丹、尼泊爾等地，延伸至世界各地的具有雪域高原特色的壯麗藏傳佛教寺院畫卷。

二、藏傳佛教寺院的歷史發展

藏傳佛教寺院是隨著佛教在藏地的傳播而發展起來的。根據不同的時代發展特徵，並結合寺院在不同具體歷史時期展顯出的不同個性，我們可以將藏傳佛教寺院的發展歷史分為三個階段，即藏傳佛教寺院的開創期、藏傳佛教寺院的融合期和藏傳佛教寺院的成熟期。

藏傳佛教寺院的開創期，從時間上來說具體是指從西元7世紀松贊干布（吐蕃第32代贊普）初傳佛教，至西元9世紀贊普朗達瑪（吐蕃末代贊普）滅絕佛教的這段時期，也就是我們通常所說的藏傳佛教前弘期。在這段時間裡，松贊干布在統一高原各部建立了吐蕃王朝的基礎上，通過與尼泊爾尺尊公主和唐朝文成公主聯姻，使佛教從吐蕃的東、西兩個方面傳入藏地，出現了大昭寺、小昭寺、法王洞（曲結竹普）、超凡佛殿（帕巴拉康）、四茹四寺、四厭勝寺、再四厭勝寺等佛堂建築，標誌著藏傳佛教寺院發展史的開端；赤德祖贊（吐蕃第36代贊普）迎娶金城公主，並在西域于田等地發生排佛事件時，建瓜曲（今西藏桑耶寺附近）等七寺予以安置；尺松德贊（吐蕃第37代贊普）通過剪除了以大臣瑪祥為代表的反佛勢力，創建藏地第一座有出家人居住的寺院——桑耶寺等，使佛教得以進一步發展；赤熱巴堅（吐蕃第40代贊普）時，興建寺院、道場、講院等30座，對佛經進行了全面編審整頓的藏傳佛教前弘

期佛教發展鼎盛；以及西元842年贊普朗達瑪破壞佛教寺院，大昭寺、桑耶寺等寺院被封堵，小昭寺被作為牛棚、僧人被殺、佛經被投於水火之中，至始之後百餘年佛教在藏地幾乎絕跡。在這段時期裡，藏傳佛教的寺院在建築上多採用坐西朝東的「曼陀羅」模式布局，開始有了轉經廊、轉經道，信徒按照順時針方向朝拜。由於這些寺院在表象和內容的外來性，自身還未真正構建出藏傳佛教寺院的自身個性特點，我們將其稱為藏傳佛教寺院的開創期。

藏傳佛教寺院的融合期，從時間上來說具體是指從西元987年佛教在藏地再次興起至西元17世紀格魯派的建立。在這六百餘年的時間裡，佛教經上路弘傳所建的托林等寺和下路弘傳所建的傑那康寺、唐波且寺、葉包寺、加薩崗拉康、思蘭吉莫寺、臣俄佛堂、蘭巴吉甫寺等寺再次使佛教在藏地傳播，繼而形成了以寧瑪、噶當、薩迦、噶舉、覺囊、格魯為代表的眾多藏傳佛教教派和藏傳佛教教派支系，這些教派和教派支系都以寺院為據點開始了自派教法的傳播，由此建成了托林寺、熱振寺、薩迦寺、楚布寺、直貢梯寺、噶瑪寺、沙拉寺等，成為藏傳佛教各教派及教派支系延續傳承的重要支點。這些藏傳佛教寺院在政治上相互牽制聯合，經濟上相互爭奪重構，教理上相互切磋論爭，體現在寺院建設上就是寺院建築風格上的相互影響借鑒和探索創新，由此使藏傳佛教的寺院布局也開始突破最初開創期的「曼陀羅」模式，逐漸走向了「自由式」。因此我們將這個過渡階段稱為藏傳佛教寺院的融合期。

藏傳佛教寺院的成熟期，是指17世紀後，即從第五世達賴阿旺羅桑嘉措以後，由於格魯派在藏地社會政治領域主導地位的確立，藏傳佛教其他教派的寺院發展受到制約，甚至改宗格魯派，由此形成了藏傳佛教格魯派寺院在藏區以六大寺院（甘丹寺、哲蚌寺、沙拉寺、紮什倫布寺、塔爾寺、拉蔔楞寺）為主幹，數量上一派獨大，寺院建築風格上獨具民族特色、結構布局上更加自由、成熟的局面。我們稱這一時期為藏地佛教寺院發展的第三個階段。

三、藏傳佛教寺院的類型

雖然藏傳佛教寺院最初形成於西元7世紀的衛藏地區，但隨著藏傳佛教文化的不斷傳播，特別是元代以來歷代中央政府對藏傳佛教的支持，使其各教派以寺院為據點的弘法活動不斷得以延伸。至今，藏傳佛教寺院不但已遍布包括衛藏、康區和安多地區的整個藏區，並且在內蒙古、新疆、五臺山、北京等地也都有藏傳佛教寺院的存在。近些年，甚至在歐美地區藏傳佛教寺院也紛紛建立起來，可以說藏傳佛教寺院正在實現它的世界化進程。

藏傳佛教建築的風格，是以藏族既有的建築技術，融合各國不同的建築特色，形成一種混合式的形貌。由於地理上的因素，建寺時的政治背景，信奉教派的不同，呈現出巨大的差異。除了內部文化圈下的行政區劃外主要還有兩種藏傳教寺

院的分類類型，即建築位置的分類和教派寺院的分類。

建築位置的分類，最常見的有「平川式」和「依山式」兩種建築組群。「平川式」建築的寺院，其建築模式一般是主殿居中，經殿、僧堂環繞四周。主殿分為上下兩部分，下部牆體用岩石砌成，下大上小，上層為平臺，殿堂就建築在平臺之上。殿堂的屋頂及四周裝飾用銅皮鎦金製成。配上雌雄金鹿對守法輪的金脊，象徵著佛院在野鹿苑說法。金頂飛簷下的獅子、水獸、共命鳥雕飾帶有印度、尼泊爾寺院風格。大殿的梁、柱、門楣處布滿飛天、禽獸等浮雕和彩繪，柱頭斗拱上的浮雕有裸體或著衣人物以及天鵝、白象等，如藏地的大昭寺、薩迦寺等。

「依山式」建築的寺院，其建築一般順山勢而起，層層升高，上下銜接，高低相配，常見有佛殿（措欽大殿）、經院、喇讓（喇嘛私邸）、僧舍、靈塔、回廊，曲徑縱橫交錯。寺內浮雕、圓雕、壁畫、彩繪、金銀飾物等精美華麗，廊柱、椽梁、門眉、斗拱都雕刻著花紋、人物、鳥獸、彩雲等，真是五彩繽紛。藏地的布達拉宮、桑耶寺屬於這類建築的典範。

依教派來分，現有的藏傳佛教寺院可主要分為寧瑪派寺院、薩迦派寺院、噶舉派寺院、覺囊派寺院和格魯派寺院。並且，每個教派的具體分布又各具特色。

甯瑪派被認為是繼承了藏傳佛教前弘期「大圓滿」教法思想的而成立的一個藏傳佛教教派，屬於舊譯派。該派以「九乘」思想為修習次第，以父子相傳為主要傳承方式，以禳災祈

福為主要內容、以主足民間為傳法策略的教派特徵而著稱。五世達賴時期，由於達賴喇嘛自身兼修寧瑪派教法，並對寧瑪派給予一定的支持，才使寧瑪派以藏傳佛教一教派面目為世人所認可。並在之後遠傳至不丹、錫金、尼泊爾、蒙古等周邊地區，現存寧瑪派寺院以山南地區和康區最為密集。山南地區有被譽為「藏地第一寺」的桑耶寺、「南傳密藏」祖寺敏珠林寺、「北傳密藏」祖寺多傑箚寺等著名寺院。康區有始建於1159年康區的第一座寧瑪派寺院白玉嘎托寺，由高僧嘛尼仁青的高徒迦盧巴旦曲丹增仁波切於1230年創建的江達佐勤寺，德格土司於1857年建的家廟白玉寺，協慶寺等。據不完全統計，當前，整個藏區共有753座寧瑪派寺院，其中，西藏自治區有344座，四川省甘孜藏族自治州和阿壩藏族羌族自治州兩地有262座，青海省的藏族聚居區有135座，甘肅省的藏族聚居區有8座，雲南省迪慶藏族自治州有4座。

噶舉派是西元11、12世紀，由瑪爾巴譯師開創、發展起來的藏傳佛教教派，屬於新譯密咒派。「噶」字藏語意指佛語，「舉」字藏語意為傳承，「噶舉」一詞可理解為教授傳承。該派以重視「大手印」傳承，不重文字，強調上師口耳相傳的傳授方法為教派特徵，從總體上講，噶舉派的教法有兩大系統：一是由瓊波南覺開創的香巴噶舉；二是直接從瑪爾巴並經米拉日巴傳承下來被認為是正統噶舉派的達波噶舉，這一系統在因修法的各自側重之後分成噶瑪噶舉、帕竹噶舉、蔡巴噶舉、拔絨噶舉四個支系，帕竹噶舉中後來也分衍出止貢、達壟、主

巴、雅桑、綽浦、修賽、葉巴、瑪倉八個支系。作為藏傳佛教歷史上，支系最多的藏傳佛教派，噶舉派擁有眾多的寺院和僧侶。雖然在格魯派在藏區佔據政教主導地位後，曾一度對噶舉派進行打擊限制，但該派教法仍通過自身的魅力遠傳至不丹、錫金、尼泊爾、蒙古等國家地區，並在當地產生了深遠影響。據最新資料統計，目前藏族地區共有噶舉派寺院366座，從數量上排在格魯派和寧瑪派之後，寺院主要分布在拉薩周邊及康區。從行政區劃分布情況來看，西藏自治區為最多，共有217座噶舉派寺院；其次為青海省，共有101座寺院；第三為四川省，有43座寺院；雲南省有5座寺院。

薩迦派是西元1073年由昆‧貢卻傑布（西元1034-1102年）在後藏薩迦地方建立薩迦寺為標誌而形成的藏傳佛教教派，屬於新譯派，該派以昆氏家族的血脈傳承以及自派理解的「道果」教法為教派特徵。元代時，由於中央政府的支持，薩迦法王曾住持西藏地方政務近百年，以此為契機，薩迦派在蒙古、漢地、康區、安多和衛藏各地興建了大量寺院，使該派盛極一時。後來，隨著薩迦派在衛藏地方政治上的失勢，該派退回到它原來的宗教領域，通過其寺院繼續在藏族信眾中產生著自己的影響。如今，薩迦派的寺院分布主要集中在後藏日喀則地區，以及川、青、藏結合部的德格、阿壩、王樹等多康地區。其中比較著名的有鄂爾唉旺寺（即鄂爾寺，是薩迦派在後藏傳播密宗的重要場所）、錫金傑出寺（又名花園寺，乃由絳欽‧繞降巴‧桑傑培所建的講授顯教的大寺）、色多金寺（即

具金色寺，班禪釋迦確登曾住持此寺，弘傳顯密教法）、達納土登朗加寺（由全知郭繞巴・索南僧格創建）、達仲莫切寺（是擦欽・洛色加措的主要寺廟）、珀東唉寺（為珀東・喬勒朗加的珀東學派諸師的駐錫地）、夏魯寺（全知布敦大師曾任寺主，開創了夏魯派）等。伴隨歷史的變遷和興衰的演替，薩迦派在多康地區建立並保存了眾多的寺廟。這一地區有德格宗薩寺（絳央欽則旺波大師曾在此寺廣弘一切宗派的教法）、阿壩縣的都布寺、青海玉樹的結古寺等。

覺囊派是以13世紀更邦・突結尊追在覺囊地方所建覺囊寺為標誌確立起的藏傳佛教教派，由於在五世達賴時期受到打擊，使該派在衛藏地區滅絕，現在，該派的寺院主要分布在四川省的壤塘縣、阿壩、瑪律康以及青海省的班瑪、久治、甘德等七縣，有卻爾基寺、藏哇寺等30多座寺院。此外，覺囊派的祖寺覺囊寺已由喇嘛益喜於上世紀80年代在衛藏覺囊地區重建。

格魯派是以宗喀巴大師於1409年在拉薩發起大祈願法會為標誌建立的教派，因受明清兩代中央政府的支持，自17世紀中葉，該派建立起政教合一的「甘丹頗章」地方政權後一直佔據藏傳佛教第一大教派的地位至今，如今，格魯派以甘丹寺、哲蚌寺、沙拉寺（位於拉薩附近，合稱拉薩三大寺）、紮什倫布寺（位於後藏的日喀則）、塔爾寺（位於青海省西寧市附近）、拉蔔楞寺（位於甘肅省夏河縣）六大寺院為據點組建了遍布藏區並遠傳周邊的藏傳佛教格魯派寺院群。

這些星羅棋布的藏傳佛教寺院共同承載了藏傳佛教的歷史，延續了藏地民族的文化，在藏民族的各項生活中具有奪目的作用和光輝。接下來，就讓我們走進其中的幾座藏傳佛教教派寺院來共同探究其中的建築與文化魅力吧。

| 小專題1 |

南亞佛教寺院和漢傳佛教寺院類型的基本特徵

我們通常認為佛教寺院有三種類型，即南亞佛教寺院、漢傳佛教寺院和藏傳佛教寺院。南亞佛教寺院以塔為主，寺院在建築形式上是一個擴大的塔，當不僅是建築實體和建築空間的擴大，更是功能的擴大，是僧侶進入塔而使塔成寺院，是僧侶與社會關係的一種更新，是南亞佛教根據自身文化特性對佛教的新創。漢傳佛教寺院由於受中國傳統建築形式及王公貴族「舍宅為寺」的影響，最終形成了以殿堂為中心、以中軸線對稱布局為特點、以「伽藍七堂」（即佛堂、法堂、僧房、庫廚櫥、山門、西淨、浴室）為內容的中國化的建築形式。它是漢民族按照自己的思想意識和意義結構對寺廟建造進行的空間重組。

「藏寺之始」：
藏傳佛教宗派並存的名寺
——桑耶寺

桑耶寺，又譯「吉祥永固天成桑耶大伽藍」、「無邊寺」、「超出意想寺」、「幻現寺」，亦稱「鄔策欽莫寺」、「大法輪寺」。它位於山南地區紮囊縣駐地東北、雅魯藏布江北岸桑耶鄉的海布日神山腳下，距離山南澤當鎮有38公里，由吐蕃第37代贊普赤松德贊主持興建，距今已有1300餘年的歷史。該寺被認為是藏地第一座佛法僧三寶俱全的佛教寺院，也是吐蕃時期最宏偉、最壯麗的建築，素有「西藏第一座寺廟」的美稱，寺內珍藏和保存著自吐蕃王朝以來各個時期的歷史、宗教、建築、壁畫、雕塑等遺跡被公認為是藏族古代文化寶庫之一。此外，桑耶寺也以其悠久的歷史、多元文化融合的建築風格、多教並存的寺院格局為世人所關注，並廣受藏傳佛教各教派寺院尊崇，每年吸引著眾多的藏傳佛教信眾、遊客及學者的駐足留戀，在藏傳佛教歷史、文化等方面留下了諸多奪目篇章。

一、桑耶寺的歷史沿革

桑耶寺作為藏地佛教寺院的鼻祖，興建於西元8世紀吐蕃
38代贊普赤松德贊（西元755-797年在位）時期。當時，剛剛
繼位的贊普赤松德贊為了打擊信奉傳統苯教大臣在政治上的強
勢，決定通過引進當時吐蕃周邊地區的先進文化——佛教為契
機來恢復自己王權的勢力，從而開啟了繼贊普松贊干布後的第
二次政府支持下的佛教弘傳，這其中重要的一項工作就是桑耶
寺的興建。西元762年，在赤松德贊親自主持下，以密宗大師
蓮花生親自勘定的藏王冬宮箚瑪止桑附近平坦的沙原為基址，
根據印度高僧寂護大師仿古印度歐丹達普黎寺（即飛行寺）格
局的的圖形設計，開始了融有漢、藏、印建築風格的桑耶寺
的興建，歷時12年，終於建成了擁有殿堂108間，占地面積達
25000平方米的龐大完整佛教建築群。藏族史書《賢者喜宴》
對其這樣描述：「其地基高厚而大，所備之原材料精緻完好，
如同螺碗盛滿瑪瑙一般。」

建成的桑耶寺，主殿內置塑像78尊，佛教畫圖14幅，其他
殿堂內也多設塑像和壁畫，藏王赤松德贊親自賜名為「貝紮瑪
桑耶每久爾倫吉主貝祖拉康」，意譯為吉禪紅岩思量無際不變
頓成神殿，並委任寂護大師為該寺堪布，由密宗大師蓮花生主
持舉行了盛大的開光法會。同時，贊普赤松德贊又特地派人到
印度請來無垢友、法稱、阿難陀等12位的僧人，在該寺剃度7

名貴族子弟出家為僧，授予比丘戒（七人因而成為藏地第一批正式出家並受具足戒的住寺僧人，被後人奉為西藏藏傳佛教的先驅者，史稱「桑耶七覺士」），為君臣講經說法，並在寺內建立譯場，翻譯顯密經籍（藏經目錄《丹噶目錄》就是編制於這一時期）。桑耶寺由此成為藏地第一座具備佛、法、僧三寶的寺院。據史書記載，桑耶寺建成後的一年裡，吐蕃君臣舉行了多種的慶典活動：贊普赤松德贊唱了國王歡歌13首，大臣們唱了幸福吉祥歌九首，藝人們表演了賽馬、長跑、爬杆、抱大石和角力雜技等。期間寺內出現了菩提發心殿的主尊神像大日如來飛上了天空，泥塑神像走出殿外又再返，四通碑上銅母狗向外跳下，吼三次後又回到碑上等奇跡。該寺的建成，標誌了扶植佛教的吐蕃王室在與維護本教地位的舊貴族之間長期鬥爭的初步勝利，意味著吐蕃王室權力的加強。以桑耶寺的建成為契機，佛教在藏地確立了最初的僧伽制度及教戒法規，吐蕃王室通過行政手段規定了對寺院和僧人的供養，並在寺內建立興佛證盟碑，以誓文確定佛教的主導地位。以桑耶寺為據點，佛教在藏地開始了它的民間化進程。

赤松德贊之後繼承王位的牟尼贊普（西元797-798年在位）、赤德松贊（西元798-815年在位）和赤祖德贊（西元815-836年在位）都大力支持佛教發展，桑耶寺因而經歷了它歷史上的最興盛時期。西元836年，登位的藏王朗達瑪（西元836-842年在位）推行了西藏歷史上第二次禁佛運動，大批佛寺佛經佛像被毀，許多僧人受到鎮壓或被迫逃亡，藏地佛教遭

到嚴重摧殘，造成了近百年的「滅法期」。因桑耶寺特殊的地位當時僅被封閉，僥倖逃脫了劫難。西元10世紀中後期，永丹（朗達瑪之子）的六世孫益西堅贊以地方領袖的身分兼任桑耶寺主。他為了發展佛教，便資助盧梅·楚臣喜饒等19人到安多地區（今青海一帶）向著名佛學大師喇欽·貢巴饒賽（約西元892-975年，簡稱喇欽，西藏佛教「後弘期」下路弘法的頭號代表人物）學習，數年後返藏，在寺主額達赤巴（益西堅贊之子）的支持下，這批僧人分居於桑耶寺各殿，他們築牆為界，傳法授徒。如盧梅據桑耶噶曲寺，巴氏兄弟據桑耶烏孜大殿等處，饒喜兄弟據格傑切瑪林，鄭耶協雲丹據附近的康松桑康林，使桑耶寺逐漸成為寧瑪派的寺院。但由於僧團內訌，相互間兵戎相見，也使桑耶寺遭到了有史以來首次嚴重破壞，寺院周圍的許多建築被焚毀，桑耶寺也因而破敗冷落。

西元11世紀中期，熱譯師多吉查巴帶數千弟子來到桑耶寺，看到古寺破敗情形，在當地貴族勢力的支持下，動員500名工匠對桑耶寺作了大規模的維護整修，使桑耶寺重現了往日榮光。由此，桑耶寺也成為傳播和翻譯甯瑪派密法典籍最早的場所，並一度成為藏傳佛教寧瑪派的中心道場。之後，桑耶寺因發生大火，寺院建築大多被毀，由於無人修繕，僧員大減，香火寥寥，桑耶寺又再次陷入零落。

西元14世紀下半葉，薩迦地方政權管理藏區，藏傳佛教薩迦派高僧丹巴索朗堅贊對桑耶寺進行了重修，並派薩迦派僧人進寺管理寺院事務，桑耶寺從此改由薩迦派管理，僅留下護

法神殿仍由甯瑪派僧人主持，這樣，桑耶寺轉而成為藏傳佛教薩迦派與寧瑪派共處的道場。此後，桑耶寺又接連遭地震和火災，大殿多被焚毀。

西元17世紀中葉，在清中央政府的支持下，藏傳佛教格魯派的五世達賴喇嘛阿旺‧羅桑嘉措逐漸掌握西藏地方教內大權，並強令其他教派的寺院改宗，桑耶寺也因此引入了黃教的教義，並在行政上接受格魯派控制的西藏地方政府的管理，從而形成黃（格魯）、紅（寧瑪）、花（薩迦）並存的局面。這種格局一直延續到現代，期間在十三世達賴喇嘛土登嘉措及熱振「呼圖克圖」攝政時期對桑耶寺兩次進行了較大規模的維修。如今，桑耶寺的僧眾仍三教並修，但寧瑪和薩迦的色彩有所加強。

西藏和平解放後，國家多次撥款對桑耶寺古建築、寺內文物進行了保護修繕，寺內的修學制度也得到了相應恢復。1962年桑耶寺被列為全國文物保護單位，成立了寺管會，專門保護寺內的文物古跡；1981年，國家又撥出鉅款先後修復了烏孜大殿和四大部洲、八小洲、譯經院、月宮、護法神殿及圍牆、僧舍等建築，其面積近九萬平方米；1997年，桑耶寺成立了「五明學院」，2000年，成立了「閉關修行院」，這座千年古寺又重新煥發了生機和活力。

桑耶寺名字的傳說

　　相傳，桑耶寺在破土動工修建時遭到了地方勢力和妖魔鬼怪的嚴重阻撓。眼看頭天剛修起一牆半柱，第二天早上卻成了一片廢墟。寂護大師對這一切束手無策，思考良久，他建議赤松德贊派使者去天竺（今印度）將蓮花生大師請來對治外道、弘揚佛法。赤松德贊採納寂護大師的建議，派遣使者前往天竺邀請蓮花生大師。蓮花生大師是位鎮魔能手，他到吐蕃後，降妖除魔、打破阻撓，並動用了一大批鬼神晚上修建寺院，而赤松德贊動則用人力在白天修建，僅用一日桑耶寺就建成了。赤松德贊見此景大驚，驚呼：「桑耶！」（「出乎意料」的意思），這也是該寺得名「桑耶寺」的原因。

二、桑耶寺的建築布局

　　桑耶寺的建築是按照佛經中的「大千世界」的結構布局設計而成，一般認為是依據古印度婆羅王朝在摩揭陀所建的超岩寺興建的，也有人認為桑耶寺的建築形式與佛教密宗的「壇城」（即曼陀羅）相似，是仿照密宗的曼陀羅建造的。總之，作為西藏古代建築中最具特色的建築群，這裡是融合了漢、藏、印三地藝術風格，並具佛教寓意的結合體。雖然後世因為火災而多次重建，但建築格局始終保持了初建時的風貌。現在的寺內建築大都是在七世達賴時重建的，占地面積約11萬平方米。它包括代表世界中心須彌山的烏孜大殿，象徵宇宙中的

日、月雙輪的太陽、月亮兩殿；表示四方鹹海中四大部洲和八小洲的四大殿和八小殿；代表四大天王的處於烏孜大殿四角的紅、白、綠、黑四座佛塔；以及象徵著世界週邊的鐵圍山環繞在寺廟建築群的圓形圍牆。這種以佛教對世界結構的想像，具體化為寺院建築的建築形式對西藏產生了深遠的影響。

（一）烏孜大殿

烏孜大殿，即「祖拉康」，是桑耶寺的中心主殿，建築面積達六千多平方米，大殿坐西朝東，高三層，上尖下寬，從遠處眺望，宛若寶塔。大殿的建築吸取了西藏、內地和印度的構造風格；底層採用藏式建築形式，中層採用漢族建築形式，上層採用印度建築形式，寓意佛教教義的欲界、色界、無色界宇宙說。每層殿堂的空間很高，一般在5.5-6米之間，殿堂的第二、三層前建有低於大殿的陽臺，便於殿內採光，也使外觀顯得壯麗大方。各層的壁畫和塑像內容豐富，藝術精美。這種藏、漢、印合璧的建築格調在西藏建築史上是非常罕見的，因此人稱「三樣寺」。

烏孜大殿由圍牆環繞，四面各開一門，東門為大殿正門，上懸掛金龍框邊、藍底金字的「大千普佑」清代匾額，長2.92米、寬1.38米，左右牆上飾有象徵吉祥如意的浮雕，門左右兩旁各站立一尊被視為大殿護法神的石獅子。門前是一座高達九層（「文革」時拆毀六層，現存三層）的格古康，意為「展佛殿」。每年藏曆1月5日和5月16日，會有巨幅釋迦牟尼繡像掛

在格古康的高牆上供信眾頂禮膜拜。

　　大殿內部一層又分為前後兩部分，前為經堂，後為佛堂。經堂面闊7間，進深4間，兩側各有塑像7尊，左為松贊干布、赤松德贊、寂護、白路棽耶、唐東傑布等塑像；右為仲‧傑瓦乃、鄂‧勒巴協繞、隆食仁布欽、阿底峽、宗喀巴等塑像。經堂內懸掛著大小幡幢，顯的多姿多彩、富麗堂皇。經堂與佛殿之間有3道殿門，門上多刻有龍和升雲紋等雕飾。圍繞佛殿有一周回廊，回廊兩壁遍繪壁畫。佛殿內有明柱10根，呈八棱形，柱頭沒有雕飾；天花板上多是由時輪金剛、極樂世界組成的團花圖案，壁畫多繪千佛像。佛殿內主供一尊高大的釋迦牟尼像據說是採用一塊哈布山的整塊巨石雕刻而成，像高3.9米，肩寬1.8米，頭戴高冠，外著袒右肩襲裝，手作指地印，結枷趺坐，面容慈祥溫和。在釋迦像前方左右兩邊兩側各塑有泥菩薩5尊（高4.2米）和護法神像一尊。佛殿後列置經架，滿置經卷。

　　烏孜大殿中層有明廊、佛殿等建築。明廊有柱8根，呈八棱形，兩壁繪滿壁畫：南壁繪有蓮花生的傳記畫；北壁繪的是早期桑耶寺全景圖。大門兩側為厚約1.3米的夾牆，門上的門樓據說藏密大師洛棽瓦大譯師曾居住過。佛殿主供3尊合金銅佛像，中間為無量壽佛，殿內壁畫均為「藏傳佛教故事」。

　　大殿上層是五頂相峙，按印度法式建造。殿中主供大日如來（五方佛之主尊）佛像，兩邊塑有阿閦佛、寶生佛、不空佛、阿彌陀佛和文殊、彌勒、觀音、普賢、大勢至、虛空藏、

地藏、除蓋障等八大菩薩，四角塑歡喜佛。三樓為著名的有梁無柱殿，樓頂房中間的三重簷攢尖頂，代表須彌三主峰，四角各一配殿，代表四大天王（護法）的宮殿。

三層都留有歷代藏王和歷代達賴喇嘛的經堂、房舍，這是桑耶寺地位不凡的標誌。以前歷世藏王和達賴喇嘛「巡幸」澤當，都會在此做佛事或休息片刻。

（二）十二洲

在桑耶寺烏孜大殿東南西北分別接近圍牆的大門處分別建有四座神殿，即江白林、阿雅巴律林、強巴林和桑結林，分別代表佛經上的四大部洲。江白林即東方勝身洲，呈白水晶色，位於烏孜大殿正東，與東方人門在一條軸線上，相距15米，殿內多繪文殊菩薩像，又稱「文殊殿」。阿雅巴律林即南方贍部洲，呈蘭琉璃色，位於烏孜大殿南部，距大門16米。經堂和佛殿內多繪釋迦佛、11面觀音菩薩像，該殿又稱「馬頭明王殿」。強巴林即西方牛貨洲，呈紅瑪瑙色，原為誦經場所，位於烏孜大殿西南，距西大門道29米，壁上繪有強巴佛、十六羅漢、蓮花生、赤松德贊、桑耶寺建築布局圖，又稱「彌勒殿」。桑結林即北方俱盧洲，呈黃金色，位於烏孜大殿正北，距大門36.8米，坐南朝北，呈長方形，牆壁繪有四大天王像，又稱「菩提發心殿」。

在四大洲的附近還建有篤實法庭殿、達覺爾倉芒殿、降魔密咒殿、譯經殿、勇夫白啥爾殿、不動淨虛殿、班雜鐵網

殿、白書寺庫殿8座小神殿，代表所謂的八中洲（即：南贍部洲所屬的遮未羅洲和筏羅遮未羅洲、東勝身洲所屬的提訶洲和毗提訶洲、西牛貨屬的提訶洲和毗提訶洲、西牛貨洲所屬的舍諦洲和納怛羅漫怛裡嗢洲、北俱盧洲所屬的矩拉婆洲和驕拉婆洲）。這十二洲由於年代久遠，幾次失火，加之人為破壞，殿內主供佛像、壁畫等多被毀壞，失去了本來面目。

（三）四塔

在烏孜大殿四角成直線的地方建有白、紅、黑、綠四佛塔，象徵四大天王。它們分別與烏孜大殿相距數10米。這四塔不僅形式奇特，而且風格古雅，寓意鎮厭惡魔，防止天災人禍，它們也是桑耶寺的重要組成部分。

白塔即大菩提（偉大的正覺）塔，代表聲聞乘的十六尊者，呈聲聞風格，坐落在大殿東南角，其形式與北京北海白塔相似，由石塊、石板砌成。塔體全為白色，塔身方形，塔腰為覆缽形，覆體扁平而寬大。塔上置有17環相輪，有8頭獅子裝飾，在轉經道旁有16位羅漢石雕。該塔由吐蕃大臣許甫墀珍堅贊修建，相傳為護法神星宿面夜叉護衛。

紅塔代表獨覺乘的阿羅漢，呈長壽菩薩（指無量壽佛）風格，建在大殿的西南角，造形極為特殊，塔身用磚石砌成，形方而實圓，狀如覆鐘，腰部以上呈環狀紋，上部為覆缽形塔腹，塔上置兩段相輪，上為七環，下為九環，塔身為土紅色並泛有光澤，其上飾以蓮花。該塔由吐蕃大臣那囊傑擦拉囊修

建，相傳為護法神紅目星神護衛。

黑塔寓意吉祥天女入世，護持佛法，呈獨覺佛（名緣覺或辟支佛）風格，坐落在殿西北角，塔形如三疊覆鍋上托寶劍，有相輪七環相繞。塔身為條磚砌成，全為黑色磚，其上以如來佛之遺骨為飾物。該塔由吐蕃大臣恩蘭・達紮路恭修建，相傳為護法神鐵嘴空行母夜叉守衛。

綠塔寓意佛祖大轉法世，呈法輪如來風格，位於烏孜大殿的東北角，平面呈四方多角形。塔基甚高，塔體有三層，一、二層有龕室內置塑像，三層有三級相輪，第一級置相輪九環，第二級置相輪七環，三級置相輪五環。整個塔身為土加粗沙燒制，質地堅硬，外呈藍色釉光，並以十六門為飾物。該塔由吐蕃大臣林氏多吉芒瓊修建，相傳為護法神降魔金剛護衛。不過，這四塔只有遺址，現在只能從寺院的壁畫上看到它們的最初的形狀。

此外，寺內還建有供三世佛的郎疊參康林，作為印經院的達覺參瑪林等寺院建築及僧、經房、倉庫、護法神殿等，它們被周長1200米，塔剎1008座的鐵圍山橢圓形圍牆環繞著，共同組成了桑耶寺的全部建築。

三、桑耶寺的壁畫和石刻

桑耶寺除了其殿塔林立，樓閣高闊，規模宏大，融合了藏、漢、印三種風格而造型完美的建築群外，最令世人稱道的

當屬它題材廣泛、技藝高超、繪塑精湛的壁畫以及種類繁多、技藝精湛的石刻了。寺內幾乎所有大小殿堂、回廊的壁面上都繪滿了各種題材的壁畫，除了一些在藏傳佛教其他寺廟裡也能看到的傳統的宗教繪畫外，其中以「西藏史畫」、「桑耶史畫」、「蓮花生傳」、「舞蹈雜技」、「舉重柔道」、「田徑賽馬」等內容的壁畫為桑耶寺所特有，洋洋灑灑，蔚為大觀，為世人所稱道。

「西藏史畫」繪製在桑耶寺烏孜大殿的中層廊道壁上，畫中記載了從遠古傳說的羅剎女（即羅剎私）與神猴成婚，繁衍了西藏這片土地上最早的人類，接著描述了雅隆部落的興起，自天上迎來了第一位吐蕃贊普聶赤贊普，之後是佛教始傳藏地、松贊干布統一西藏、瓊結藏王墓示意圖、迎請尼泊爾尺尊公主和唐朝文成公主、唐金城公主入藏及宴前認舅、桑耶寺的動工興建、蓮花生入藏、佛教在西藏的宏揚、吐蕃末代贊普朗達瑪滅佛經過、阿底峽大師入藏、佛教在西藏「後弘期」的開始、薩迦王朝、噶瑪王朝、帕竹王朝的興衰、宗喀巴創立格魯派，止於九世達賴喇嘛的業績。整個畫面長達92米，恢弘壯麗，為古今中外壁畫史上所罕見，被譽為西藏的「繪畫史記」。

「桑耶史畫」繪製在烏孜大殿內的左右壁上，該圖詳盡地描述了西藏第一座寺院的興建和有關寺名的由來傳說、蓮花生建寺的情形、降妖伏魔的過程、寺院布局及當時桑耶寺建成後的宏偉規模、「七覺士」出家等。並著力渲染了桑耶寺落成後

贊普赤松德贊主持開光典禮中，男女老少盛裝打扮，參加諸如舞蹈、雜技、賽馬、長跑等娛樂活動，表演者在盡情表演，信眾們在虔誠供養的盛大歡慶場面。史畫後面的幾幅描繪了桑耶寺在明代遭受的一場大火，以及火災後重建的情景。此外，還有甘丹、哲蚌、沙拉、箚什倫布格魯派四大寺院和布達拉宮修建場景的壁畫，使「桑耶史畫」成為一部形象化、生動化、大眾化的「寺史志」連環畫。

「蓮花生傳」壁畫繪製在烏孜大殿中層的明廊南壁。整幅壁畫淋漓盡致地描繪了蓮花生大師進藏的情形，包括進藏途中征服群魔的情景、西藏修行傳教過程以及主持興建桑耶寺等事蹟。畫面中，蓮花生的形象被畫成瞠目張口忿怒形的異域人物，以此突顯蓮花生大師的「法力無邊」。

置在烏孜大殿內圍牆中層廊道上的「宴前認舅圖」，生動地記述了藏、漢民族聯姻結親的歷史事件：「唐金城公主（唐中宗養女，西元710年與吐蕃贊普聯姻）嫁給藏王赤德祖贊一年後，腹中懷有了太子。這使正宮妃子朗廊妃心生嫉妒，她偽言聲稱自己已有身孕。當金城公主生出太子後，朗廊妃竟用計謀將太子奪走。金城公主十分悲傷，諸大臣也疑惑不解，於是將此事告訴了藏王赤德祖贊（第36代贊普）。太子滿周歲時，藏王設宴慶祝，宴會上，藏王居中，朗廊妃居右，金城公主和唐朝使臣居左。這時，赤德祖贊用金杯盛滿酒交到小王子手中說道：『金杯盛此佳釀，我兒敬於舅舅手中，誰是你的生母由你決定。』小王子舉步而行，朗廊妃和親屬拿出衣物、花蔓等

物向他呼喚，但小王子未予理會，竟越過他們把金杯遞到中原唐朝來的親友手中，說道：『我是中原唐皇的外甥。』」

「文成公主勘輿圖」展示了文成公主挽高髻，著長衫，單膝跪地，雙目凝神注視面前的勘輿圖表認真勘輿藏地地形的情形，同時，畫師還在她的上方再現遠山浮雲，前方增添了兩朵含苞待放的蓮花，從而點染出了高原的景色，也渲染了文成公主是度母化身的內涵。

「舞蹈圖」展現了藏地的三人舞和犛牛舞。三人舞中三位舞女同站一排，中間一人面向後，左右兩人面向前，她們身著短裙、一手執金剛，一手持人頭蓋骨、赤足呈步調一致的翩翩起舞狀。犛牛舞中兩位白髮長鬚的老人，一前一後地逗引兩頭犛牛，前面老者手拿青草，後面老者追趕。兩頭犛牛昂首張口，氣勢洶洶地呈賓士狀，旁邊還附有六位舞女擊鼓助興以及眾多圍觀者。

「雜技圖」展示了一群在高杆上或倒立、或做射弓箭狀、或似猴爬杆，或雙人倒立相連，以及在做一些高空倒立、高空展翅、覆臥鋼刀表演畫面。整副畫生動自然，栩栩如生。「舉重圖」展現了四人參加抱石頭比賽的情形，他們上穿長袍，下著緊腿褲，腳穿長筒靴，動作各異，其一人正準備從地上抱起石頭，兩人已將石頭抱至胸部，另一人已將石頭扛上肩部。此外還有兩名裁判，他們頭戴盔帽，著長袍，在旁指手畫腳，真實感極強。「柔道圖」展示了有12人參加兩兩相對的緊張搏鬥的場景。他們都身穿短褲，一方紅色，一方白色，跣足。其中

有的剛交手，有的已打得不可開交，有的已摔倒在地，有的已受傷停戰。兩位身穿長袍站在方桌上的裁判一人拿著寫有藏文「1」的木板，另一人手拿著寫有藏文「2」的木板，正在裁決。另外，還有兩人正在給獲得勝者貢獻「哈達」。觀戰者或手舞足蹈，或議論紛紛，或用長筒望遠鏡認真觀看。

「賽跑圖」展示了頭戴胡帽，跣足，身穿紅、白、綠三色短褲的14位選手參加三方賽跑比賽。他們畫面呈一線分布，形象各異。有的邊跑邊喊，有的正照顧同伴，有的因搶道而爭吵，形象栩栩如生。「賽馬圖」展示了有19人參加的賽馬比賽，圖中騎手頭戴胡帽，身穿長袍，腳穿長靴揚鞭策馬俯胸賓士，馬蹄奔騰，昂首引頸。一名裁判手拿短鞭指揮，呈「加油」狀。這些壁畫是研究舞蹈、雜技、體育運動的珍貴實物資料。

在庭院東、西、南三面回廊的牆壁上，還繪有數十組譯經壁畫。圖中譯經僧人盤腿封坐，一人誦經，一人譯為藏文，居高位的年老高僧校正譯文，最後由青年僧人以竹筆寫到梵筐形的經紙上。他們形態鮮活，內容栩栩如生。

桑耶寺的石刻種類繁多，刻技精湛，也為西藏地區其他寺廟鮮見。主要有位於烏孜大殿一層佛殿主供的釋迦牟尼像，它是用一塊哈布山的巨石雕刻而成，像高3.9米，頭戴高冠，外著右袒式大衣，手結觸地印，結跏趺坐，屬於早期浮雕藝術珍品。烏孜大殿門前左右兩旁的一對石獅，它們高1.23米，長0.76米，嘴鼻突出，額部後縮，雙目有神，項系寶鈴，長尾長

卷，兩耳下耷。整個形象顯得形態古樸，豪放有力，是被做為護衛大殿的護法神而雕刻的。烏孜大殿前廊的兩尊石象，大石象高1.1米，長1.3米，小石象高，長均為0.5米，用漢白玉石製作，長鼻觸地，身佩金鞍，雕刻得惟妙惟肖。被認為是西藏現存最古老石碑之一的吐蕃石碑，位於烏孜大殿正門口左側，高3.8米，座高0.8米，上面記錄了赤松德贊於西元779年發布的正式以佛教為吐蕃國教的敕文，據說原來四大門前都有類似的石碑，現僅存一塊。其他還有刻在長方形石板上的千佛像、立體雕刻的觀音菩薩像、四面大天王像、蓮花生像、羅漢像、石刻酥油燈、石佛塔等，它們個個線條明晰流暢、形象逼真，充分體現了藏地雕刻的精湛技藝和豐富想像力。

四、桑耶寺的法事活動

作為藏傳佛教第一座寺院，桑耶寺有著許多宗教節日和法會，其中有些一直流傳至今，影響廣泛。

桑耶奪得節，意為「桑耶寺供奉經藏的大法會」。它是西元8世紀後期，赤松德贊之子牟尼贊普即位後開創的四大供養（在桑耶寺供養經藏，大昭寺供養律藏，昌珠寺供養論藏，原野設台祭祀佛菩薩和護法神）活動之一，於每年藏曆6月15日至18日進行。一般15日這天，全體僧人誦經，然後吹奏樂器，表演舞蹈，供養經藏，並迎請護法大神白哈爾。第二天，主要以不同的方式供祭蓮花生大師。第三天，迎請「尊瑪爾」護法神降臨。

18日誦經。節日期間，除了宗教活動外，還有舞蹈表演和其他跑馬、射箭、抱石頭、舉石頭、摔跤等群眾性的娛樂活動。

次久節（或蔡久節），即初十節，每年藏曆正月初十舉行。這是為紀念蓮花生大師而舉行的一個傳統節日，節日當天黎明，桑耶寺的僧人和信眾都要登上屋頂眺望東方，看蓮花生大師騎著金色的光芒重返人間。接下來，僧人表演金剛舞，有扮演赤松德贊、寂護、蓮花生及其8個化身者先後出場，舞步輕快，場面感人。第二天，跳經藏會供金剛舞。

桑耶寺烏孜大殿東大門前有高達九層的格古殿，即展佛台，每次法會期間都要將巨幅釋迦牟尼刺繡佛像抬出來在這裡展開晾曬。

| 小專題3 |

頓漸之爭

　　頓漸之爭是西元8世紀末吐蕃佛教內部不同觀點的論爭。頓門以漢地佛教禪宗僧人大乘和尚為代表，他的論點是成佛之道應通過個人突發的頓悟，此頓悟來源於摒除包括善惡在內的一切思考。漸門以印度佛教僧人蓮花戒（寂護弟子）為代表，他的觀點是任何人都不可能全部摒除思考，要求自己不作任何思考的本身就是一種思考。據傳雙方約在西元792-794年間，分別在拉薩和桑耶寺二地進行辯論，由吐蕃贊普赤松德贊主持，規定失敗者給勝利者獻上花環，然後離開吐蕃。雙方反覆爭辯，甚為激烈。大乘和尚曾一度占上風，但最後敗北，被迫返回沙州（今甘肅敦煌）；印度佛教從此在吐蕃社會占居優勢地位。

「世轉法輪」：
藏傳佛教噶瑪噶舉派上院
——噶瑪寺

噶瑪寺坐落於海拔3800米的紮曲河上游，加雲山西麓的山谷中，距離西藏自治區昌都地區昌都縣以北130公里，由塔布拉傑（藏傳佛教噶舉派四大分支之一塔布噶舉派的創始人）的弟子噶瑪巴都松欽巴於西元1185年奠基創建。因依地名「噶瑪」而取名為「噶瑪寺」，全稱「噶瑪丹薩寺」，藏傳佛教噶瑪噶舉派因該寺而得名，它與衛藏地區的另一座寺院楚布寺並稱為噶瑪噶舉派的上、下院。由於明代永樂皇帝對噶瑪噶舉世系的「大寶法王」的冊封和尊崇以及噶瑪噶舉派支持下的藏巴汗地方政權短暫掌握西藏地方政權，使噶瑪噶舉派的勢力在藏傳佛教各教派中顯赫一時，在藏地社會政治及民眾的信仰中佔有著重要地位，至今仍是藏傳佛教中的重要寺院。

一、噶瑪寺的歷史沿革

　　噶瑪寺歷史悠久，它最早是由塔布噶舉派創始人塔布拉傑·索南仁欽（西元1079-1153年）的得意門徒都松欽巴（噶瑪噶舉創始人）75歲（西元1185年）時在當地「澤巴」的家族的支持下創建的，當時所建的佛殿名叫「喇嘛拉康」。

　　西元1264年，第二世噶瑪巴噶瑪拔希第二次到噶瑪寺時（西元1229年，第二世噶瑪拔希第一次到噶瑪寺時，因物力財力所限，使他擴建噶瑪寺大殿的願望未能如願），蒙古汗王賞賜給他大量財物使他具備了對噶瑪寺擴建的條件，在他的主持和規劃下，邀請了內地漢族工匠、納西族工匠以及尼泊爾工匠共同興建了在整個康區都首屈一指的代表性建築——噶瑪寺大佛殿。並且，元世祖忽必烈還賜給以紮曲河、昂曲河上下游等十多處地方為噶瑪寺的管轄範圍，使噶瑪寺的勢力在康區得以不斷擴大。元惠宗妥歡帖睦爾（西元1333-1368年）時，由於對該寺曲結堅贊授予的「圓流流教灌頂大西度寶財敬禮」稱號，使嘎瑪寺內得以另外建立起一個司徒活佛為系統的噶瑪噶舉派活佛支系（這一系統的活佛從一世至十七世住在噶瑪寺，到十八世司徒卻吉迥乃於1727年在德格修建八蚌寺以後，就以八蚌寺作為司徒活佛的主寺）。第五世噶瑪巴得銀協巴（西元1384-1415年）時，他曾6次駐錫噶瑪寺講經傳法，並於明永樂五年（西元1407年）被明中央政府受封為「萬行具足十方最勝

圓覺妙智慧善普應佑國演教如來大寶法王西天大善自在佛」簡稱「大寶法王」，同時將金沙江上下游一帶劃歸噶瑪寺管轄，使噶瑪寺的管轄勢力進一步擴大。與這一時期此相對應的，在後藏地方封建勢力仁蚌巴、藏巴汗的支持下，噶瑪噶舉派曾一度奪取拉薩傳召大會的主動權，其聲勢顯赫一時，一躍而為整個藏區的宗教首領。這一時期的噶瑪寺也一度成為擁有有屬寺200餘座，勢力遠涉不丹、尼泊爾、鍋金、拉達克等地的寺院集團群。

之後，噶瑪噶舉派的宗教和政治中心逐漸轉移到衛藏的噶瑪噶舉派上院楚布寺，昌都地區的噶瑪祖寺就此漸趨衰落。西元1642年藏巴汗政權滅亡，噶瑪噶舉派受到格魯派的打擊，其政治勢力遂又歸於沉寂，但作為噶瑪噶舉派的祖寺其在藏區一直保持著很大的影響，並在宗教上擁有重要的象徵意義。譬如噶瑪巴活佛系統每次轉世靈童坐床前，象徵噶瑪派宗教和政治地位的黑色金邊帽應在噶瑪寺舉行象徵性戴帽儀式。至今，噶瑪寺在噶瑪舉派的歷史上仍佔有重要的地位。

改革開放以來，國家撥專款對噶瑪寺進行了維修，寺內古樹參天，佛殿內香火旺盛，信徒絡繹不絕，使擁有八百餘年歷史的噶瑪古寺又重新煥發了生機與活力。每年吸引來自印度、尼泊爾等國的藏傳佛教噶瑪噶舉派信徒不遠萬里前來朝拜，成為區內外宗教信徒的重要宗教活動場所之一。

噶舉派小史

噶舉派是西元11、12世紀，由瑪爾巴譯師開創、發展起來的藏傳佛教教派，該屬於新譯密咒派。「噶」字藏語意指佛語，「舉」字藏語意為傳承，「噶舉」一詞可理解為教授傳承。該派以重視「大手印」傳承，不重文字，強調上師口耳相傳的傳授方法聞名。從總體上講，噶舉派的教法有兩大系統：一是由瓊波南覺開創的香巴噶舉；二是直接從瑪爾巴並經米拉日巴傳承下來被認為是正統噶舉派的達波噶舉，這一系統在因修法的各自側重之後分成噶瑪噶舉、帕竹噶舉、蔡巴噶舉、拔絨噶舉四個支系，帕竹噶舉中後來也分衍出止貢、達壟、主巴、雅桑、綽浦、修賽、葉巴、瑪倉八個支系，由此這些支系也被稱為噶瑪派的「四大八小」。由於該派歷史上與政治的結合過密，在藏地歷史的歷次內部鬥爭中，噶舉派眾多支系多次參與，並為此而兵戎相見，致使一些支系在武力的打擊下趨於消亡。如今最為人們所熟知的就算是「大寶法王」這一支系了，也就是噶瑪噶舉派。

二、噶瑪寺的建築布局

噶瑪寺歷史悠久，建築風格經由藏、漢、納西等民族和尼婆羅（尼泊爾）工匠的精心設計修建而別具特色。現存建築主要有四大部分組成：一是主建築措欽大殿，包括大佛殿和大經堂；二是堆松欽巴、司徒・仲貢仁青、克巴・旺格多傑和噶瑪拔希等四座靈塔；三是噶瑪寺的辯經場；四是寺院四周的僧舍。其中以措欽大殿最為著名。

措欽大殿是噶瑪寺最大的建築，也是全寺佛事活動的中心，噶瑪寺的寺院布局也是圍繞著措欽大殿而攤鋪成的。遠遠望去，這片鱗次櫛比、錯落有致、重點突出、和諧統一的寺廟建築體，極具視覺震撼。具體來說，整個措欽大殿坐東朝西，由大佛殿和大經堂組成。大經堂位於措欽大殿的前半部，高二層，為土、石、木結構的藏式平頂建築，經堂頂部橫木飛簷，覆蓋有藍色琉璃瓦。位於措欽大殿的後半部的大佛殿主殿為木質結構，呈單簷歇山形式，屋頂覆蓋琉璃瓦。大佛殿建築外牆的第二層上端四角，各飾一頭木雕獅子，其雕刻細膩，神態威猛，呼之欲出。頂部貫以歇山式琉璃瓦頂，殿頂簷下全系斗拱承托，風格獨特，做工精巧，結構合理，它與殿頂飾彩的琉璃瓦頂高低錯落，合諧統一。屋簷正中是藏族工匠設計建造的「波森格巴登」（獅爪型飛簷）；左邊為漢族工匠的「甲卻森哲得」（龍鬚型飛簷）；右邊為納西族工匠建造的「羌隆欽納得」（象鼻型飛簷）。飛簷上面為漢式單簷歇山式，蓋有玻璃瓦。屋頂中間飾一藏族傳統表示吉祥的銅質鍍金寶幢，體現了漢、藏、納西三個民族工匠智慧的結晶，是民族團結的象徵。主體建築頂端為藏式平頂，屋頂中央立有鎏金銅質法輪，左右兩側配以據說是大明皇帝所賜的鎏金銅孔雀，這種經堂頂飾據稱只有薩迦寺和德格印經院才有資格裝飾，具有特殊的宗教象徵意義。

廊壁繪有四大天王像：東方持國天王、南方增長天王、西方廣目天王、北方多聞天王，圖像色彩豐富，形象威嚴。經

堂的大門開在四根方柱組成的前廊正中，面寬31米，長為26.4米，正門掛著用藏漢兩種文字刻寫的「大明皇帝迎請如來大寶法王西天大善自在佛室樓」門匾。殿內面積達818平方米，殿中樹有56根方柱，其中有12根特長大柱支撐天窗用於改善室內光線，經堂四壁主要繪有以釋迦牟尼傳為主要題材的彩色壁畫，內容主要有釋迦牟尼乘白象從兜率宮下凡、入胎摩耶夫人、七步生蓮、出家修道、初轉輪、娑羅樹下涅槃等場景。整個壁畫線條淋漓酣暢，人物勾勒比例準確而生動傳神，色彩鮮麗而又不失莊嚴。這些生動傳神的壁畫與殿內五彩的柱飾，雕樑畫棟相映成輝，體現了藏東建築的獨有特徵。

大經堂後部的大佛殿面積有2000多平方米，高三層，下部為土石結構，上半部為漢式單簷歇山式琉璃瓦頂。高層牆的前側均開有亮窗，用以採光。大佛殿內又有三座各自相對獨立的佛堂，門均開在大經堂內，並有用以採光的亮窗。中間為釋迦牟尼殿，供有由黑帽系七世活佛卻紮嘉措出資主持修建，尼泊爾工匠鑄造的釋迦牟尼銅像。左側為強巴佛殿，由黑帽系二世活佛噶瑪拔希奉大明皇帝禦旨而建，為強巴佛八歲時的泥塑像，高三層，約17米，慈和端詳，雍容大度，是昌都地區泥塑中最高的塑像。強巴佛左右分侍為文殊和觀音菩薩。彌勒佛通體鎏金，結跏趺坐於須彌座上，佛慈祥端和，雍容大度，二位菩薩神態嫻雅，婀娜多姿。該殿內所繪的噶舉派祖師及黑、紅帽系的壁畫屬早期作品，為典型的藏東嘎學嘎志畫派風格，有著很高的藝術價值。

右側佛殿為喇嘛拉康，即噶瑪・堆松欽巴時所建的佛堂，主供歷代黑帽系活佛像，正中供噶瑪噶舉派一世活佛噶瑪巴・都松欽巴合金像，兩側分別供奉的有第二世活佛噶瑪拔希（西元1204-1283年）、第三世活佛讓瓊多傑（西元1284-1339年）、第四世活佛若必多傑（西元1340-1383年）、第五世活佛德銀協巴（西元1384-1415年）、第六世活佛通哇敦丹（西元1416-1453年）、第七世活佛卻紮嘉措（西元1454-1506年）、第八世活佛彌覺多傑（西元1507-1554年）、第九世活佛旺秋多傑（西元1556-1603年）、第十世活佛卻央多傑（西元1604-1674年）、第十一世活佛益西多傑（西元1676-1702年）、第十二世活佛絳曲多傑（西元1703-1732年）、第十三世活佛堆都多傑（西元1733-1797年）、第十四世活佛台喬多傑（西元1798-1868年）、第十五世活佛喀覺多傑（西元1871-1922年）的鎏金銅像；拉康四周壁畫為塔布噶舉祖師塔布拉傑和噶瑪噶舉黑、紅帽系活佛畫像。大佛殿二層右側為歷代司徒活佛（為噶瑪噶舉派三大活佛轉世系統之一）的臥室和小佛堂。在二層樓圍繞大佛殿建有一條寬寬的回型走廊，當地稱之為「皇帝走廊」，據說是為了表達對內地皇帝的敬重，企盼內地皇帝蒞臨噶瑪寺而專門修建的。在大經堂二層正前方的大經堂屋頂中間飾有銅質法輪，兩側原為一對銅質孔雀，據說這種裝飾在藏區僅薩迦寺和德格印經院才有。大佛殿的三層是供有大悲觀音菩薩像的觀音殿。大佛殿更給人一種神祕、敬畏之感。

靈塔殿共三座。第一座位於集會大殿南30米，殿內供有三座靈塔，中間的建築是噶瑪寺建築的精華所在，該殿代表著當時昌都建築藝術的最高水準，在藏傳佛教建築藝術史上具有很高的地位。

都松欽巴靈塔，左右兩側為司徒活佛靈塔，塔中供卓格日欽和都松欽巴弟子克巴旺結多傑靈塔，塔身飾以白色，均為石木結構，分塔座、塔瓶、塔剎三部分，通高約10米。第二座為黑帽系二世活佛嘎瑪拔希靈塔殿，位於集會大殿南90米，俗稱無柱殿，殿內供有噶瑪巴希的佛牙，牆面上方畫有歷代噶瑪活佛的像，下方畫有八邦寺歷代司徒活佛的像，其中司徒畫像中有漢族使臣到過噶瑪寺的歷史畫面；第三座為活佛格色蚌墊巴靈塔，位於集會大殿西250米的山坡上，這些靈塔的結構及形制基本相同。

三、噶瑪寺的高僧及活佛系統

噶瑪寺作為噶瑪寺的祖寺，在其800餘年的歷史中始終與噶瑪噶舉派的興衰相聯繫。作為首創活佛轉世的教派的祖寺，噶瑪寺的活佛系統一直在噶瑪噶舉派中佔有重要的地位，在該寺駐錫過的高僧更是為噶瑪寺的振興作出了卓越貢獻。

噶瑪寺由塔布噶舉派創始人塔布拉傑・索南仁欽（西元1079-1153年）的得意門徒都松欽巴（噶瑪噶舉創始人）創建的。都松欽巴（西元1110-1193年），本名卻吉紮巴，生於康

區哲雪地方（今四川省甘孜州新在縣境內），幼名「格佩」（意為「善增」），隨父貢巴多傑貢波（意為「金剛怙主」）學習「自生佛母的命根心要教授」；16歲時依父母命，到噶查寺在堪布丘格喇嘛及規範師恰僧格查座前剃度出家，取法名貝曲柴巴（意為「法稱」），後隨阿底峽（西元982-1054年）三傳弟子柴惹哇西昆仲聆習「勝樂灌頂」等法門；19歲時去前藏依覺隆‧嘉瑪哇及其弟子日季巴和智鋇恰巴聆習《慈氏諸法》和《中觀論》，又從俠爾巴（西元1070-1141年）及其弟子倫覺巴‧喜饒多吉聞習噶當派教法6年，從巴曹譯師學《中觀六如理聚》，依瑪‧杜增巴而受比丘戒（具足戒），並習戒律。此後，都松欽巴從瓜譯師和康巴阿僧學時轉「六加行」等法。30歲時隨塔布拉傑學習教法，塔布拉傑向他傳授了噶舉派的「拙火定」和「方便道」，並叫他到桑日地方靜修，遂達到該派的各種境界。33歲時依熱瓊巴聞習《六法》和《座中修法》，依絨巴嘎格哇的弟子本普巴‧郭嘉修習《金剛亥母》、《六種莊嚴寶釋》，依辛巴多傑僧格求得《道果》教授，依江莫邦喀瓦求得《喜金剛教授講說》，依乍嘎莫哇學到《那若耳傳教授》，還依達惑巴‧熱久敦次聽受《勝樂》和《瑪哈瑪那》等密法。此後他到各地雲遊達30年之久，從各派名僧學得深奧的顯密教法，可謂學貫三藏。西元1147年（藏曆第三繞迴之火兔年），都松欽巴載譽而歸，東去類烏齊，他在昌都噶瑪地方興建噶瑪寺，都松欽巴超群的佛學知識，積德揚善，利益眾生，使他威望日增，僅康區一帶，徒眾就達數千人，噶瑪

噶舉的傳承由此確立。宋紹熙4年（藏曆第三饒迴陰水牛年，西元1193年）11月，噶瑪巴‧都松欽巴圓寂，享年84歲。噶瑪巴‧都松欽巴一生著述頗多，如《四面金剛亥母》、《四續釋》、《夢事三種》及《神鬼饒益之隱身術》等，為研究藏傳佛教史留下了寶貴的遺產。噶瑪噶舉派後來為了解決自己的領袖人物繼承問題，遂追認德高望重的噶瑪巴‧都松欽巴為該派黑帽系第一世活佛，首創藏傳佛教活佛轉世制度。

噶瑪寺和前藏的楚布寺開創了藏傳佛教活佛轉世制度。該寺除金邊黑帽系和紅帽系外，還有兩個活佛系統：一是八蚌司徒活佛轉世系統，該系統司徒活佛從第一至第十七世住錫在噶瑪寺，第十八世司徒曲卻迴乃活佛於1727年在德格地方修建了八蚌寺，後來司徒活佛系統才以八蚌寺為主寺的；另一個是由黑帽系九世活佛旺曲多吉的弟子噶瑪拉桑為首的活佛轉世系統，該活佛系統一直以噶瑪寺為祖庭並住錫該寺。噶瑪寺自創建以來，一直和中央王朝保持著密切的聯繫，其勢力日益強大，僧眾與日俱增，噶瑪噶舉派的名聲隨之顯赫全藏。

四、噶瑪寺的遺跡與文物

噶瑪寺作為康區最大的寺廟之一，歷經850多年的滄桑，留下了眾多的遺跡和文物，在無語的訴說著噶瑪寺歷史的久遠。噶瑪寺歷代活佛講經的地方「俄東塘」，相傳是因為一世噶瑪巴都松欽巴初次到該地時，曾看到上千名仙女翩翩起舞的

地方。寺內靈塔後的柳樹，據說是二世噶瑪巴‧拔希卻吉喇嘛將從內地帶回的一根漢柳手杖隨手插在寺邊草地長成的。

在文物方面，如今的噶瑪寺內保存有大量明、清時期中央皇帝所賜的瓷皿和百餘尊銅造佛像以及《甘珠爾》、《丹珠爾》等珍貴經書、各種皇帝所賜物品，明使臣來噶瑪寺贈送的萬歲牌旌旗緞帶、絲綢等刺繡品，近百幅傳世唐卡以及不少佛像、陶器、高僧遺物、貝葉經、瓷器等文物。其中最為珍貴的有：「皇帝萬歲牌」，是明成祖所賜的木雕盤龍牌位，為該寺晨暮對皇帝朝賀之用；「大寶法王印」，為明朝永樂5年（1407年）明成祖賜給第五世噶瑪巴「領天下釋教」的最高宗教地位的印信，該印雙龍盤紐、光潔質白，無論其質地及造型，皆可稱為王印中的上品。

噶舉寺作為噶瑪噶舉的祖寺，擁有眾多的屬寺，其中又以祖拉康寺最為著名。祖拉康寺位於今西藏類烏齊縣，1276年，達壠噶斯家族的桑吉溫所始建，初有「田宮」和「莎碼」二小寺。1320年，烏金貢布建造了富有藝術風格的「目吉瑪殿」，故此寺又名呂吉瑪寺，1326年正式落成。該寺建築面積2800餘平方米，分3層，第一目稱「條花殿」，牆厚1.6米以上，高13餘米，外法有三色。殿內有高11米柱180根。第二層名「紅殿」，由石塊砌成。第三層稱「白殿」。祖拉康殿供奉佛像4萬尊，金汁書寫經文2萬餘卷，金銀雜汁及銀汁寫本3萬餘卷。此寺已傳23代法台，轄3個紮倉、2個拉章，屬寺58座，按噶舉派規定曾擁有僧人2500名，為西藏最大的噶舉派屬寺院之一。

祖拉康在元朝時曾受元定帝母后賞賜，明初第3代法台曲古堅參被封為國師，清雍正時第13代法台邦秋員旺朗加受皇帝賜金冊及「法震西」匾額。

五、噶瑪寺周邊的民俗

噶瑪寺所處的嘎瑪鄉，人口3800多人，各類工匠名列師傅級別的據統計有217人，徒弟數量更是多於師傅數倍。據說，該鄉工匠和畫師的傳統來自於一個傳說：相傳，嘎瑪鄉對面的遠山，文殊菩薩曾從五臺山降臨該地，而形如文殊菩薩。由於當時文殊菩薩降臨時，一手所持的寶劍正對著那也村、瓦寨村方向，另一手所托經書正對著比如村方向，於是有了那也村、瓦寨村多出工匠，比如村多出畫師預言。

不過現實是，早在12世紀初，嘎瑪鄉一帶就有人從事繪畫藝術，相傳具有800多年歷史的嘎瑪寺早期建築就是由當地畫匠堆日倉設計的。嘎瑪民族繪畫藝術由於歷史機緣，隨嘎瑪寺的興盛而盛行，嘎瑪鄉擁有尼泊爾、印度、錫金、拉薩以及內地大批工匠藝人後裔及傳人，有「美林」、「美薩」、「嘎學噶志」三大畫派。但以16世紀中葉紮西三氏在「美林」、「美薩」畫法的基礎上吸收明朝永樂年間的風景畫法和作色方法，在嘎學（古名。今為嘎瑪鄉瓦寨村）創立的「嘎學噶志」畫派居多。「嘎學噶志」唐卡畫，注重抒情寫意，講究色彩對比，結構嚴謹，畫工細膩，畫面整潔，線條流暢，勾勒人物衣

紋較為細膩，人物神態生動。善畫花草樹木、山石瀑布、神佛畫像，以神佛畫像居多。該寺的壁畫和唐嘎畫，係西藏三大畫派之一「嘎學嘎志」發源地的代表作，堪稱藏東第一畫廊。就嘎瑪寺的建築、壁畫、唐嘎畫、雕塑等藝術所取得的成就而論，它當之無愧地成為昌都地區的代表性建築和宗教文化的寶庫。

嘎瑪鄉的另一土風民俗就是一妻多夫的家庭居多。也許是出於傳統生活的需要，兄弟同娶一妻不分家，有做工的，有經商的，有當僧人的，或有從事農牧的，一個分工合作的家庭小社會。不過這一傳統習俗也在變革中，接受了現代教育的年輕人有了析離大家庭的傾向和行動。

在瓦寨村有一家尼泊爾工匠後裔「白布倉」。七世嘎瑪巴大約在15世紀末時維修擴建嘎瑪寺，曾從尼泊爾請來一對工匠父子，專門製作釋迦佛像。工程告竣，兩父子就定居當地，並入鄉隨俗合娶一妻。每一代無論兄弟多寡均如此，500年後的「白布倉」仍是一家，現在的兩兄弟都是工匠。故鄉再也未回，尼泊爾話一句不會，只有當年兩父子使用過的鐵砧保留了下來，外貌還遺留著雅利安人種的高鼻特徵。這一家深刻地融入了當地傳統中，歷史上甚至還有一人入選做了德格一家大寺廟的轉世活佛。

「世轉法輪」：
藏傳佛教噶瑪噶舉派下院
——楚布寺

楚布寺坐落於海拔4300米的楚布河上游，觀音聖山與瑪哈噶拉聖山的交會處，做為藏傳佛教噶瑪噶舉派的下院，該寺是與昌都噶瑪寺齊名的噶瑪噶舉派寺院，它位於拉薩堆龍德慶縣那嘎鄉境內，距拉薩市有70多公里，由第一世噶瑪巴都松欽巴於西元1189年建立，至今已有800餘年的歷史。做為藏傳佛教噶瑪噶舉派曆輩噶瑪巴活佛中前藏的駐錫之地和弘法中心，都松欽巴曾在這裡把預言自己轉世的信親手交付給弟子卓袞德千，由此開創了藏傳佛教領袖活佛轉世傳承制度的先河，後被西藏其他教派所效仿，對整個藏傳佛教和西藏文化所做出了意義非凡的貢獻。做為歷代大寶法王在前藏的駐錫地，至今仍是噶舉派傳承弟子們心目中最重要的寺院，為國內外信眾所嚮往。

一、楚布寺的歷史沿革

　　楚布寺作為是雪域藏地最古老、最著名的佛剎之一，歷來被認為是噶瑪噶舉派最有代表性的寺廟。自西元1189年第一世噶瑪巴活佛堆松欽巴創建以來，至今已有800餘年的歷史（若要往前推，楚布寺的歷史的還可更久，據寺內存放的「江浦建寺碑」記載，西元9世紀初，吐蕃贊普赤祖德贊的大臣尚·蔡邦達桑聶多曾在這裡建造的江浦神殿，楚布寺正建在江浦神殿的廢墟上）。

　　西元1159年，第一世噶瑪巴都松欽巴（西元1110-1193年）50歲去康區時，在吐龍山谷買下建設楚布寺的土地，但當時沒有興建寺院。西元1189年時，都松欽巴80歲時，再次來到這裡，由於一次禪觀中悟到了該地是勝樂金剛壇城，任何人到此地便能得到勝樂金剛加持，於是在鄰近吐蕃時期的江浦古寺遺址旁興建了一座以大殿為中心，左右配已經堂、僧舍，可容納千人的寺院，取名「楚布寺」。開始了岡波巴大師（西元1079-1153年）的大手印教法，及噶當派道次第教法該寺的傳承，由此，在當時藏傳佛教界獲得了「人間淨土」寺院的美譽。

　　西元1204年，噶瑪拔希出世，由於他長時間在成吉思汗宮廷中傳教，蒙古大汗蒙哥專門賜給他一顆金印和一頂金邊黑帽，這就是噶瑪巴活佛黑帽派的緣起，在被認證為第一世噶瑪巴都松欽巴的轉世之後，噶瑪派的實力得以鞏固。在元朝中央

的資助下，噶瑪拔希對楚布寺進行擴建，建造著名的拉千則林簡大佛及眾多僧舍，使楚布寺成為可以同時容納數千人修學聞法的大寺，而在前藏地區藏傳佛教諸寺院中獨樹一幟。

1410年楚布寺因地震，受到巨大破壞。在明成祖的資助下，被封為「萬行具足十方最勝圓覺妙智慧善普應佑國演教如來大寶法王西天大善自在佛」的第五世活佛德銀協巴於1414年對楚布寺進行了重新修復。之後，楚布寺得到了持續發展。特別是藏巴汗掌握西藏地方政權時，楚布寺作為藏巴汗作為藏巴汗政權的思想宣傳據點在打擊藏傳佛教格魯派上起了先風主導作用，也因此這一時期的楚布寺在聲譽和地位上得到了空前提高。藏巴汗政權失敗後，楚布寺也受到牽連，寺院特權受到很大限制，不過，楚布寺仍保留了它的宗教特色，並隨著時代不斷發展。

1949年後，政府多次對楚布寺進行了保護和修復，1962年，楚布寺被列入西藏自治區文物保護單位，進行了多次保護性維修。1980年，第十六世噶瑪巴指示竹奔德千仁波切，回到西藏，修復了楚布寺部分大殿和幾個較重要的中心及房舍。第十七世大寶法王噶瑪巴鄔金欽列多傑作為中國政府改革開放後承認的第一個大教派的活佛。在楚布寺升座之後，國家又拔鉅款進一步修復了楚布寺的大部分殿堂房舍及佛學院，吸引了眾多噶舉派弟子前來朝聖。使作為藏傳佛教噶瑪噶舉的祖寺楚布寺延續了數百年來的傳承歷史、教義、修行和文化，並繼續代代相傳，生生不息。

楚布寺名的來歷

　　「楚布」一名的意思眾多，較為清晰和權威的解釋有兩種。一是「楚布寺」即「飛來寺」之意，傳說楚布寺是從印度飛來的。這個說法很近似杭州「飛來峰」，多少是民眾信仰心態的神話化。另一種是《藏族文化大觀》中所言：「相傳創寺人都松欽巴路經此處時，認為這是一地塊風水寶地，遂決定修建楚布寺，『楚布』即富裕至極的意思。」第三種關於「楚布」的解釋，仲譯（文書）說：在很久以前，有一位苯教活佛將施有其法術的咒語深埋此地，成為苯教的「伏教」（指藏族苯教和佛教徒在他們信仰的宗教受到劫難時隱匿起來，等到有再傳條件時重新發掘出來的經典。伏藏一般分為經文伏藏和聖物伏藏兩種）。後來，「伏藏」四溢成溝，所以這裡便被稱為「楚布」，即「溢出成溝」的意思。

二、楚布寺建築布局

　　楚布寺坐北朝南，南、西、北三面分別被「大悲心」、「彌勒菩薩山」和「瑪哈嘎拉山」環繞。以五層樓高的大殿為中心，背山面水，四周分別有諸佛菩薩殿、歷代噶瑪巴殿、本尊殿、護法殿、祖師殿、關房、寮房、出版中心、行政中心、噶瑪巴的夏宮、靜室，以及兩座藏有經藏、續藏、各教派上師著作、西藏文學及歷代大寶法王和他們的弟子的著作的圖書館等建築群環繞共同組成了一座雄偉壯觀的古老佛剎，在藍天白

雲的襯托下，殿宇雄渾，金頂寶幢，飛簷斗拱，白塔紅牆，顯得壯麗非凡。在所有建築中，比較著名的有大殿、護法殿、靈塔殿、大佛殿、祖師殿。

大殿是法王講經、會客及居住的地方，在一樓大殿的經堂，十七世噶瑪巴的升座儀式當年就在這裡舉行。經堂中央是法王的寶座。經堂後方的佛龕裡內供「阿彌陀佛和不動佛的合一化身」像，第八世大寶法王（西元1507-1554年）為紀念其師桑傑年巴（西元1457-1525年）所造的祖師像（據說當年造成後聖像曾顯靈離地飄浮空中七天之久，故名「空住像」，為寺院的鎮寺寶之一），以及一世大寶法王和十六世（西元1924-1981年）大寶法王的身像。大殿的二樓是法王見客的地方，中間放有十七世大寶法王的法座，在法座的旁邊，放有第十六世法王曾經用過的一張木椅。在法座對面的桌子上，供奉有十四世法王（西元1798-1868年）顯示神通時在石頭上留下的腳印，及其在爐具石上留下的手指印。三樓是當今十七世法王年幼時的寢室，一直保留原狀。房間內擺放著學習參考書、各國弟子贈送的玩具等。在房間的一角供有一尊文殊像，據說，十七世法王曾讚歎這尊佛像對他的修學很有加持、幫助。

護法殿在大殿廣場的左側，為紅色建築。殿內主要供奉了一尊身藍色、一面二臂，手持月刀和顱皿的寺院的不共護法神「白拉堅」，它是乃瑪哈噶拉護法神的其中一種化相。護法像旁邊的桌子上，供有一小佛龕，內有一尊小的護法像。據說，它是用天鐵鑄造而成的，也是該寺的鎮寺之寶。天鐵護法像的

旁邊有供有一塊天然顯現金剛手的形象石頭。

靈塔殿位於大殿和護法殿後面。該殿供奉歷代大寶法王身像、一世和二世法王靈塔等。在靈塔殿的二樓，收藏有十七世噶瑪巴用過的衣服、臥具等。在該殿面對護法殿後牆的那面紅外牆上有個手印，據說是十七世法王年幼時摔倒按在上面所致，尤為殊勝。

大佛殿在靈塔殿旁邊，殿口處是傳統的四大天王壁畫。大殿內供奉的是南贍部洲莊嚴大佛釋迦牟尼像。為全藏最大佛像之一（相傳，該佛像鑄成後，頭有點向左歪斜，神工巧匠也無能為力。法王噶瑪拔希顯氣功，由鼻孔內沖出一股神力，使歪頭歸正，然後親臨開光，並獻名「楚布拉欽」）。這尊塑像用紅、黃銅鑄造，高30米，在佛像內裝有一升如來佛的舍利子，達波拉傑的心、舌、眼，阿羅漢的牙齒，米拉日巴（噶舉派的創始人）的碗和杖，烏敦蓋岡巴的祖衣以及雙勝（釋迦牟尼弟子中的舍利弗和目犍連）的鉢盂、禪杖、祖衣和用金銀汁液寫就的《甘珠爾》經書150函，以及白海螺等稀世珍寶。在佛殿二層的長廊上懸掛有牛、羊、羚羊帶角的頭骨，殿內供奉著佛陀、祖師、本尊以及一世至十六世黑帽系嘎瑪巴活佛的塑像，牆上用深墨色調繪滿了的密宗壁畫及楚布寺建寺的歷史畫，顯得格外神祕。祖師殿在大殿旁邊，殿內主要供奉三尊巨大的祖師身像，中央的供奉的是瑪爾巴，右手邊是米拉日巴，左手邊是岡波巴大師。

除去上述主要建築外，楚布寺內的東、南、西、北方向還

分別建有白、黃、紅、綠四座方形塔，據說這些塔和西夏王有關係。在寺院的正對設有一座高大的展佛台，用於節日期間的供佛活動。寺院的後山，有許多閉關房，是修行者在此進行傳統的3年3個月的閉關專修的場所。附近還有嘎岡寺、箚桑寺、殊利寺等楚布寺屬寺，以及蔣采護法殿、瑪哈嘎裡護法殿、巴登拉莫護法殿、卡那多傑嘉波護法殿等建築。

三、楚布寺的聖物、聖跡

楚布寺是一座有800多年歷史的古老寺院，做為藏傳佛教史上第一個活佛和明朝所封的「大寶法王」的駐息地，曾經珍藏著許多比較有價值的珍貴文物和聖物。如今他們大都完好的保存在寺內的各大殿內，並接受人們的供養。這些聖物、聖跡主要有江浦古寺的建寺碑、第八世噶瑪巴所塑之空住佛銀像、第二世噶瑪巴鑄造之楚布拉欽大佛、第十六世噶瑪巴神奇的腿骨舍利，以及瑪哈嘎拉石刻神像、密勒日巴曾用過的盂缽、都松欽巴的僧帽等。各大寶法王噶瑪巴的舍利塔、二世噶瑪巴施神通力用拐杖戳地而成的泉水、十七世噶瑪巴轉山時於石頭上留下的心咒字樣等。其中以江浦寺建寺碑、空住佛銀像、楚布拉欽大佛和第十六世噶瑪巴活佛舍利最為著名，被稱為楚布寺的四大鎮寺之寶。

除去上文介紹過的供於大殿的楚布拉欽大佛外，江浦寺建寺碑位於杜康大殿門前，該碑立於西元9世紀吐蕃贊普赤熱

巴堅時期。碑高256釐米，寬48釐米，厚18釐米，上面刻有古藏文，正面46行，側面21行。碑文開頭寫道：「尚・蔡邦達桑聶多於堆之江浦修建神殿之故事，勒石。贊普頒賜詔敕，書以記之」。江浦寺的修建者蔡邦達桑聶多是吐蕃四大外戚貴族之一，他為了迎合贊普信佛的心理而修建了這座寺院。赤熱巴堅欽賜寺名，並頒發詔書，賜給寺產土地、牲畜和屬民，特許世代傳承。雖然碑文字數不多，卻有極高的史料價值，是研究吐蕃社會政治、經濟、文化、宗教等不可多得的重要歷史資料。同時也襯托和佐證了楚布寺的悠久歷史和地位。

空住佛銀像是第八世噶瑪巴活佛彌覺多吉（西元1507-1554年）為紀念他的上師而雕塑的一尊銀質佛像。彌覺多吉是一位學識淵博的高僧，他遊歷藏區各地，廣參名師，強調僧人對知識的瞭解。在藝術上，他造詣很深，精通雕刻和鑄造銅像。傳說，他鑄造了一尊自己的銅像，問銅像像不像他本人，銅像竟回答說：當然像。他為寺院鑄造好銀像後，銀像竟然自動漂浮在空中達七天之久，因此有「空住佛」之稱。

另一件鎮寺之寶是第十六世噶瑪巴活佛的舍利子。1958年，第十六世噶瑪巴活佛朗榮勒貝多傑攜帶珍貴的宗教法器和經典經不丹去印度。1962年，受錫金皇室的邀請和資助，在甘托克附近修建寺院。1981年11月5日，噶瑪巴在美國圓寂，遺體運回錫金火化而得舍利子，其中腿骨舍利由竹奔活佛帶回楚布寺供奉。

四、楚布寺的法事活動

楚布寺的法會主要有夏季法會和冬季法會。夏季法會，藏語稱「楚布亞西」或「雅羌」，意為「夏季舞蹈」。據說這個祭祀的節日始於西元11世紀中葉，據說是為紀念藏傳佛教前弘期密宗祖國祖師蓮花生大師的生日而興辦。法會時間一般選擇在藏曆4月初10日或藏曆6月初10日至12日，主要活動是跳羌姆和展佛（曬大佛）。現在增加了表演藏戲、物資交流和其他娛樂活動等。冬季法會，藏語叫「古朵噶羌」，原於每年的藏曆11月29日舉行，現在改為12月29日。主要活動有誦經、跳神、拋擲朵瑪、趕鬼驅邪等，現在增加了活佛摩頂、高僧講經、商業貿易、物資交流等。

法會期間最具特色的莫過於由十四世噶瑪巴台喬多吉創立的羌姆舞蹈表演，傳統上，該舞蹈共分10場，依次是：第一場由20個舉經幡者、30個擊鼓者、8位領經師、8個提香爐者組成的儀仗隊先後出場；第二場由手持金剛橛和嘎巴拉（頭蓋骨）的咒師出場圍繞朵瑪舞蹈，以驅邪淨地；第三場四個頭戴骷髏面具、身穿白骨緊身舞服者呼嘯著出場，表演天葬場守護神舞；第四場頭戴鹿和犛牛面具者出來表演鹿牛舞，代表閻王使者審判靈魂；第五場四位分別頭戴勝鳥面具、烏鴉面具、貓頭鷹面具、森恰鳥面具的舞者先後出來表演，手中拿著鐵鍊、鐵鉤、繩索、攝魂鈴；第六場先由幾十人組成的神靈出場，頭戴

面具，手持刀斧等，斬殺靈噶。然後白天梵王的化身小鹿出來超度亡靈；第七場是守護剎土神舞，由持杖比丘、持橛咒師、持刀男子、披髮魔女等組成的儀仗隊圍著大王與王妃起舞，以拋撒朵瑪驅鬼；第八場是大黑天舞。大黑天護法神左手捧著嘎巴拉，右手持鉞刀，由多人簇擁跳舞；第九場是犛牛舞，在法號聲中，大黑天護法趕著兩頭犛牛上場，神僕向護法獻神飲，僧人們向犛牛獻哈達和切瑪等；第十場是焚燒朵瑪舞。

五、楚布寺的「甲瑞居楚」樂

楚布寺自建寺之初就與中原文化保持了聯繫，並延續至今，如楚布寺後的山有「漢山」的稱號，寺內關羽的塑像和其他神佛一起接受供奉，寺內神舞中起總指揮作用的是漢族樂器「朝哇瑪」，神舞服飾中的繪有漢式的圖案等。這些漢藏文化交流的產物中，尤以「甲瑞居楚」樂最具特色。

楚布寺的「甲瑞居楚」樂（「甲」指內地，「瑞」字是藏文「瑞莫」的諧音，意為音樂或樂器；居楚即十六，「甲瑞居楚」即漢樂十六）相傳是由噶瑪巴黑帽系二世活佛噶瑪拔希、四世活佛乳必多吉、以及五世活佛得銀協巴時期從內地帶進來的音樂，逐漸形成了一種有別於藏傳佛教其他寺院器樂形式的獨具漢地器樂藝術特點的合奏樂。它是特定歷史條件下，噶瑪噶舉教派與明朝廷、清朝廷之間特殊的宗教、政治關係和文化藝術方面的交往的產物，某種程度上反映了噶瑪噶舉教派形成

與歷史上政治、宗教關係的沿革。「甲瑞居楚」樂所使用的樂器、演奏形式、音調風格等都顯出了中原漢族器樂音樂的特點，並反映了漢民族器樂藝術的傳統和面貌，被認為是楚布寺舉行隆重盛大的慶典活動時所獨有一種樂器。

「甲瑞」樂主要用於楚布寺舉行隆重盛大的慶典活動、迎請高僧活佛、念申儀式以及在楚布寺夏季大修供會時，在羌姆表演中迎請八種名號蓮花生的儀仗、耍漢獅，表演長壽鳥、天王、勇男勇女（神的僕從）等場合。使用「甲瑞」樂的儀式活動一般是規模大，規格高，相當重要的儀式活動，表明了楚布寺對「甲瑞」樂的重視。

楚布寺「甲瑞居楚」樂主要樂器從數量上來說共有11種、16件：倉決咯阿（鑼）1面；嘎利（長尖）2支；佈哈（直筒稍帶橄欖形銅號）2支；丁丁查瓦瑪（雲鑼）1面；蘇爾納兩支；達瑪鼓（高低音一對錐形單面鼓）1支；雜阿（雙面小圓鼓）1支；赤林（橫笛）兩支；艾歐母（小平鑼）1面；替布瑪（芒鑼）1面；佩多（小鈸）1付。

現在楚布寺裡流傳的「甲瑞居楚」樂樂曲有兩首，即《甲瑞傑巴》（漢樂盛奏）和《赤林傑巴》（橫笛盛奏）。在迎請儀仗中使用「甲瑞」樂時，演奏《甲瑞傑巴》樂曲，在羌姆神舞或念申儀式中演奏《赤林傑巴》樂曲。《甲瑞傑巴》以蘇爾納為主奏旋律，樂曲由慢板和快板部分組成，快板由慢板部分的旋律素材提煉而成，音調上前後保持明顯的統一；《赤林傑巴》以橫笛為主奏旋律，是一首較自由的慢板樂曲，不過在樂

曲的開頭和結尾都有布哈（直筒號）的演奏，樂曲音調具有明顯的中原漢族吹打樂形式。

「甲瑞」樂演奏一般採用坐式和站式兩種方式（站立演奏一般為走動中的演奏），在迎請高僧活佛、盛大慶典儀式、念申、儀仗儀式及迎請八名號蓮花生時演奏必須採用坐姿，除此之外要站立演奏或走動中演奏。採用坐姿演奏時，蘇爾納和橫笛、雲鑼演奏者坐在中間的位置，持其他樂器的樂僧則圍繞著他們的周圍演奏。採用站立或走動中演奏時，其演奏姿勢和情態十分相像於中原漢族民間吹打樂吹奏時的樣子，吹奏嘎利（長尖）和布哈（直筒稍帶橄欖形銅號）的樂僧時而把號抬起，喇叭口斜著朝向空中吹奏，時而又把號口朝下，對著地面吹奏，並且不停的來回左右晃動，比較激情和張揚。

「甲瑞」樂演奏的過程通常是以一聲銅鑼的敲響聲為樂曲演奏的訖始；接著由直筒號、長堅單獨演奏一段由「喀朵」（低音）和「帝爾」（中音）的各種長短、強弱變化組成的樂曲；之後是正式樂曲的演奏，主要旋律音樂由橫笛或蘇爾納演奏，其餘小平鑼、雲鑼、達瑪鼓、芒鑼、小鈸、小圓鼓等樂器不時予以節奏性的敲擊，節奏敲擊以十六分音符和四分音符時值為主，並且不是隨著樂曲一直敲擊，經常間歇停頓；開始和中間有鑼的一兩聲敲擊；等樂隊演奏接近結尾時，直筒號和長尖進入演奏至樂曲結束。

噶舉派的教派分支

　　噶舉派因該派僧人穿白色僧衣，俗稱白教，分為香巴噶舉和塔布噶舉兩個系統。香巴噶舉創始人瓊波南交。塔布噶舉通常指稱的噶舉派，創立人為瑪爾巴，它的教法盡傳其主要弟子米拉日巴，米拉日巴的弟子以熱窮和塔布拉傑為上首。塔布拉傑1121年建崗布寺，形成塔布噶舉系統，後分出許多支派，有「四大八小」之稱。四大支為噶瑪（創始人都松欽巴）、蔡巴（創始人向蔡巴）、拔戎（創始人拔戎達瑪旺秋）、帕竹（創始人帕木竹巴・多吉傑布）。帕竹噶舉又分出「八小」支，即止貢（創始人仁欽貝）、達壟（創始人達壟塘巴・紮西貝）、主巴（創始人凌熱・白瑪多吉）、雅桑（創始人剎惹哇卡丹耶謝森）、綽浦（創始人嘉察仁波切）、修賽（創始人結貢・楚臣僧格）、葉巴（創始人葉巴卓托耶謝孜巴）、瑪倉（創始人瑪倉些饒森格），此外尚有其他更小的支系。

「寺內敦煌」：
藏傳佛教薩迦派祖寺
——薩迦寺

薩迦寺坐落於西藏日喀則以南約180公里，薩迦縣境內海拔4316米的重堆奔波山旁邊的仲曲河兩側，是藏傳佛教薩迦派的主寺，在中國歷史及藏傳佛教史上都具有重要的地位。薩迦寺由薩迦派的創始人昆·貢卻傑布於西元1073年創建，距今已有900多年歷史，在薩迦王朝統治全藏70餘年期間，薩迦寺作為薩迦王朝的首府，西藏地方的政治、經濟、文化、軍事的中心，見證了西藏併入祖國版圖的歷史。該寺也因出現的薩迦班欽貢噶堅贊、八思巴等對祖國的統一做出過重要貢獻的著名政教人物而更加聞名。歷史上，薩迦寺曾以其宏大的建築、豐富的文物與與布達拉宮和桑耶寺並列聞名於世。而今該寺又以所藏的歷史、宗教、建築、雕塑等方面的文物巨豐，被譽為中國的「第二敦煌」、「西藏佛教文化的寶庫」，而成為藏傳佛教信眾及海內外遊客心中的聖地。

一、薩迦寺的歷史沿革

薩迦寺最早是西元11世紀時吐蕃貴族昆氏的後裔袞卻傑布（西元1034-1102年）40歲時（西元1073年），因見奔波山南側的一個山坡有光澤，現瑞相，遂決定在該處出資興建一寺院（即我們現在稱為的薩迦北寺）。又因該地土色呈灰白，藏語為「薩迦」，寺院也因此取名為「薩迦寺」，薩迦派也由此得名。此後，袞卻傑布親自擔任寺主弘傳卓彌譯師所傳的新派密法近30年，為薩迦派的形成與發展奠定了基礎。不過由於當時的薩迦寺結構簡陋、規模很小，該派的教法也還不完備，並沒有流傳開來，在當時的藏傳佛教眾寺院中並不顯著。

貢卻傑布的兒子貢嘎甯布（西元1092-1158年）主持薩迦寺期間，憑藉他自幼隨父學法，遊歷各地，廣拜名師，遍學佛教顯、密教義，以及在完善薩迦派道果教授方面的貢獻，使他的聲名大振，而獲得了「薩欽」（薩迦派大師）的稱號。贏得盛譽的貢嘎甯布為更好的收徒弘法，在這一時期對薩迦北寺進行了擴建。他先修建了個人的修法之所「拉章夏」，續而又修建了由護法神殿、塑像殿和藏書室組成的建築群，以及薩迦北寺的主大殿。之後，繼任的薩迦二祖索南孜摩（西元1142-1182年）和薩迦三祖紮巴堅贊（西元1147-1216年）繼續對薩迦北寺進行了擴建，他們對已修的寺院建築加了金頂，並在北寺主大殿的西側興建一座配殿，使薩迦寺初具規模。通過薩迦

前三祖的努力，薩迦寺在昆氏家族強大的經濟支持下，逐漸確立了它在後藏薩迦地區的薩迦政教合一地方政權主寺地位，並以該派的甚深「道果見」為藏傳佛教其他教派所熟識，薩迦寺的聲名也遠傳整個藏區，吸引了更多僧眾前來修學、問法，薩迦北寺基本確立了它鼎盛時期的規模。

薩迦寺在薩迦四祖薩班‧貢噶堅贊（西元1182-1251年）主持時期，袞噶堅贊在顯密教法上的巨大聲譽，為薩迦寺贏得了更多的信眾及其他藏傳佛教教派的尊重。而薩迦寺作為西藏地方勢力與蒙古王室簽訂歸順協定、見證祖國統一歷史進程重要參與者，又使這一時間的薩迦寺當之無愧的成為當時藏地藏傳佛教寺院的首寺。

五祖八思巴（西元1235-1280年）時期，在元朝中央政府支持下，薩迦派成為了中央在西藏地方行使管理的統治者，薩迦寺自然成為了西藏地方政府的辦公所在地。西元1268年，為了維護中央政府賜予的顯赫地位，應對藏地其他地方勢力的挑戰，回到藏地的八思巴對薩迦北寺進行了擴建，他先在薩迦寺內為自己修建了一座管理私人財物和有關事宜「喇讓」（「喇讓「原指西藏宗教領袖的住所，後演變為宗教領袖辦理政教事務的機構），之後又在附近先後修建了許多建築。由此，薩迦北寺形成了一座包括古絨森吉呀爾布頗章、森康寧巴、努‧曲美增卡典曲頗章、烏孜甯瑪祖拉康、細脫格筆瑪、烏孜薩瑪朗達古松殿、德卻頗章、朗傑拉康、玉妥拉康、都康拉康、夏珠拉康等主要建築，以及細脫拉章、都讓拉章、仁欽崗拉章、甘

丹拉章、蘇康拉章、仲瓊拉章、絭木且拉章、堆敦塔、靈塔群、尼達拉章、夏旦拉章等眾多附屬建築在內的40多個單元的寺院建築群。

與此同時，八思巴又委託薩迦本欽（薩迦本欽是元朝時西藏薩迦地方政權的首席官員）釋迦桑布主持在仲曲河南岸的瑪永絭瑪平壩上仿照內地城池，以曼陀羅壇城的布局結構，並融合藏傳佛教建築風格在仲曲河南岸興建了薩迦南寺（相傳，當初選址時僧侶和信徒一致認為建寺廟一定相似有防守、防火功能，便在本波山和巴欽頗章頂上各架一門火炮，向山下打石選點，結果一石落在大殿門前左側，一石落在大殿廣場中央，即湧出泉水，眾人皆認為祥瑞之兆，便決定在此建寺）。

本欽釋迦桑布本著八思巴的旨意，徵集了當時漢地、藏地、尼泊爾工匠及十三萬戶大量人力，完成了大殿奠基，角樓和殿牆等工程。之後，繼任者薩迦本欽貢嘎桑布修建了大殿底層、頂層、外圍牆和內圍牆。至第九任本欽阿儈在任時，修建了薩迦南寺的外圍牆，使平面呈方形，高牆環繞，總面積達14760平方米的薩迦南寺建築完全竣工。

14世紀後，隨著薩迦派在政治上的失勢，薩迦寺在政治上的權利受到了很大限制。但宗教上的權利仍由薩迦昆氏家族分裂的四個「喇讓」，即細脫喇讓、拉康喇讓、仁欽崗喇讓和都卻喇讓輪流繼任。15世紀時，細脫喇讓、拉康喇讓、仁欽崗喇讓絕嗣，都卻喇讓的阿旺貢噶仁欽和白瑪頓堆旺久兄弟，為了爭奪薩迦法王的王位，發生矛盾，分別建立彭措頗章和卓瑪

頗章兩房建築。總的來說，薩迦南、北寺再沒有大規模的建設了。

16世紀中期，八思巴第九代侄孫俄吉旺布貢嘎仁欽主持，對已成為薩迦新的宗教中心的薩迦南寺進行了第一次大規模的修繕，由此在鞏固薩迦寺作為宗派祖寺的地位的同時，進一步擴大該寺在藏地宗教界的影響，使薩迦寺在青海、甘肅、四川、雲南、不丹、尼泊爾等地有分寺150座，僧侶達數萬人，影響著整個藏區及周邊地區。

1948年薩迦南寺進行了又一次大修，寺院局部有較大的改變，如寺院大殿內的木板壁改成了泥牆，重繪了寺內壁畫，將圍牆上開有垛口的女兒牆改成西藏形式的平合簷、寺內增加了一些附屬建築物等。

1961年，薩迦寺被國務院列為全國重點文物保護單位。近些年來，中央政府投入大量資金對其進行了大面積的維修，以甲央修行洞和洞內的神水勝跡而聞名的森康寧巴等薩迦北寺建築得到了原貌修復。如今，千年古寺又煥發它昔日的光芒，成為國內外修眾和遊客觀光覽勝的勝地。

二、薩迦寺的建築布局

薩迦寺以其在設計上集壇城平面與防禦性城牆的融為一體，功用上寺院建築與宮殿建築合二為一，在眾如繁星的藏傳佛教寺院建築中別具一格。如今的薩迦寺（薩迦寺建築在仲曲

河兩岸，因此可分為薩迦南寺和薩迦北寺。薩迦北寺因14世紀後，宗教活動中心向南寺轉移，不再有大規模建設，而逐漸冷落，現多數建築已成殘垣斷壁，如今我們說薩迦寺建築多是指薩迦南寺）坐西朝東，占地約4.5萬平方米，樓高三層，平面呈四方壇城模式，由拉康欽莫（大佛殿）大殿、拉康喇章（八思巴的寢宮）、僧舍、城牆等40多個建築單元組成，是一座根據密宗壇城模式設計、集藏式和漢式建築風格於一體的大型建築，被公認為藏式平川式寺廟建築的代表。

拉康欽莫大殿東西長79.8米、南北寬84.8米、高24.3米，殿牆堅實厚重，通體飾紅、白、黑三色相間，構成薩迦派寺廟的三色標誌，殿頂端四周以木質鬥、橫樑、間隔方椽向外伸簷，上接白牆和白瑪草裝飾的赭色殿頂，顯得色調格外明快。殿內具體由天井、門廊、大經堂、歐東仁增拉康（成就持明靈塔殿）、拉康強（北殿）、普巴拉康（金剛橛殿）、次久拉康（初十殿）、格尼拉康（靈塔殿）、拉康孜貢康（護法殿）、喇嘛拉康（僧人修習殿）等建築組成。

天井位於拉康欽莫大殿的正中，為方形，整個大殿都是環繞著天井展開，門廊在經堂正門外，門前兩側為轉經輪牆，廊前有白色帷幔，黑色垂幕。門以圓木為框，條石為檻，地鋪條石。門內為廳堂甬道，左右置有兩排轉經輪，供有高約5.5米不動金剛和馬頭金剛泥塑像，兩壁是四大天王的彩繪。

大經堂坐西向東，位於天井西面，面積1500多平方米，高約10米，是薩迦寺僧眾集會、誦經的地方。該殿堂以柱式、

彩繪和藏經櫥為特色。整個大經堂，有40根巨大的木柱支撐直通房頂，木柱直徑多為1米左右，每根挺拔粗大，其中前排中間的「猛虎柱」（相傳此柱由一猛虎負載而來）、「野牛牽」（相傳此柱為一野犛牛用角頂載而來）、「忽必烈柱」（相傳為忽必烈所賜）、「墨血柱」相傳是海神送來的流血之柱）最為著名；彩繪主要分布在廊壁、天窗上，廊壁彩繪多繪有不動金剛、馬頭金剛、倉巴、倉巴該欽及曲吉拉姆（八瑞祥）等密乘形像，天窗上主要繪有貢噶寧布以後的歷代薩迦法王、以及卓彌‧釋迦益西（西元994-1078年）、色堆貢日、象雄曲巴、金剛佛母、多傑達關巴、比窩巴、那果巴、箚瑪茹巴、阿哇多弟、嘎雅達若（印度六大德）等「道果法」傳承形像；藏經櫥位於大經堂的西、南、北牆側，經櫥直達殿頂，有用金、銀、珍寶粉研墨手寫的《甘珠爾》、《帕巴傑東巴》金環經等佛典44,000餘部，為藏傳佛教其他寺院所罕見。此外，大經堂內還供有釋迦牟尼佛、文殊師利、金剛佛母、釋迦阿熱瑪等12尊佛像，以及阿旺圖多、迥‧圖多旺久的靈塔。

歐東仁增拉康位於天井北面，正門向南，面積330平方米。拉康內四壁繪有五方佛（中央毗盧遮那佛、東方阿閦佛、北方不空佛）、三怙主（文殊、觀音、金剛手）、八思巴、以及修建薩迦寺、薩班與闊端會晤的壁畫。殿內東側有11座銀質靈塔，從東側自南至北到西依次為：強哀阿麥靈塔、嘎欽‧圖多旺秋靈塔、俄強‧箚巴羅追靈塔、嘉貝‧索南旺布靈塔、貢噶旺嘉靈塔、索南旺布靈塔、貢噶紮西靈塔、索朗仁欽靈塔、

貢噶洛追靈塔、圖欽・旺堆寧布靈塔。拉康西側是經書架，上藏有《甘珠爾》、薩迦五祖、俄強・貢噶桑布傳記等經書。

拉康強位於歐東仁增拉康內北側，面積306平方米，內有靈塔6座，依次為：夏爾巴堆國靈塔、曲吉・旺阿朗傑靈塔、夏爾巴・仁欽堅贊靈塔、夏爾巴迥旦靈塔、夏爾巴・仁欽堅贊靈塔、夏爾巴迥旦靈塔、夏爾巴曲崩瑪靈塔、香堆・曲巴紮西靈塔。壁畫以壇城、薩迦五祖、所法神、千佛、喜金剛為主，其中薩班會晤闊端（？～1251年）的壁畫最為珍貴。

普巴拉康位於天井的南面，正門向北，面積390平方米，是薩迦寺修密僧人誦「普巴（多見橛）經」的處所，每年藏曆7月8日至19日的普巴節在此舉行。拉康牆壁以佛、佛母、護法神、喜金剛等巨幅畫像為主，為元代繪畫。殿內專設一普巴壇城，主供色普、陽達、赤列三大普巴。在殿內南側的供台上供有八思巴設計，尼泊爾工匠製作的文殊菩薩合金像，以及釋迦牟尼和無量壽佛鎏金銅像。拉康周圍的佛龕中供有釋迦牟尼佛、無量壽佛、觀音、文殊、度母、金剛手、財神、勝樂金剛、密集金剛、能怖金剛、怙露依怙、般衰謝、薩迦法王等合金、鎏金銅像4137尊，最為壯觀。該殿經架上主要供有《甘珠爾》、《般若經》等佛典。

次久拉康位於拉康欽莫大殿二層北側，門向南，面積約170多平方米。拉康牆上多繪長壽三尊（無量壽佛、白度母、尊勝佛母）、薩迦法王、護法神、蓮花生傳記及甯瑪派高僧等壁畫。殿內北側、東側供有銀質和鎏金銅質靈塔五座（白瑪堆

都旺久靈塔、特欽・棨西仁欽靈塔、官甯山沛羅布靈塔、箚休・赤列仁欽靈塔、貢噶仁欽靈塔）、銀質造像三尊、空行佛母塑像兩尊（一尊內供其美・索南仁僧白拉姆骨灰，另一尊內供達欽・索南旺波之女骨灰）。

格尼拉康拉於大經堂入口南側，門向北，面積約140平方米。殿內供有二座靈塔（增林圖果旺堆靈塔和貢噶索朗靈塔），以及貢嘎寧布、度母、金剛佛母、尊勝佛母、無量壽佛等九尊塑像。塑像後背光都精雕有大鵬鳥、摩羯魚、龍女、力士、孔雀、寶馬、瑞象、花鳥等圖案，很有特色。

拉康孜貢康，即護法神殿，位於拉康欽莫大殿二層西北角，門向南。神殿牆上多繪白描的馬、犛牛、羊、烏鴉、狗等動物，供臺上主供怙露依怙、般袞謝和吉祥天女泥塑像。壁柱懸有多追達巴（骷髏舞）、普巴、孜多傑那波、金剛持、布棨・米赤阿、嘎瑪哇、堆傑等護法神唐卡，它們或骷髏為冠、或鬚髮堅立、或環目欲裂、或忿口舞舌，顯得陰森恐怖。

喇嘛拉康位於拉康欽莫大殿三層西北角，正門向東，由經堂、佛殿、修行室組成。經堂四壁繪有釋迦極樂世界、確貝拉姆（伎樂仙女）、薩迦法王及高僧、山水瑞獸等壁畫，佛殿內主供俄強・貢噶仁欽、強白多傑等8尊泥塑，修行室僅容一人靜坐。

拉康拉章，又稱「八思巴殿」，由貢噶桑布（西元1310-1358年）主持修建，為藏式平建築，頂部裝飾幡幢。它位於拉康欽莫大殿南側，大門向東，高二層，下層為庫房，上層由前

廊、經堂、佛殿三部分組成。佛殿內主供1尊高約2米的銀質毗盧遮那佛，另供37尊普賢大日如來佛（貢日佛），以及一組泥質的十六羅漢。

在拉康欽莫及其四周附屬建築（僧舍主要位於拉康欽莫外側的西南角和東南角）之外，是方形的寺牆，為高大雄偉，厚重堅實的內寺牆，牆高8米，寬3米，寺牆四角各有一座3-4層高的角樓，四面中部建有高聳的敵樓，頗似皇宮外的大牆。外地牆稱羊馬城，為「回」形土築牆。僅東邊有門，可以進出寺內。寺週邊有護城壕溝，溝中有水，類似護城河，河寬8米，全為石砌共同構成了寺院與宮殿的完美結合。

三、薩迦寺的壁畫藝術

壁畫是薩迦寺建築的重要組成部分。這裡有精美壁畫3000多幅，題材涉及宗教、歷史、文化和社會生活等方面，主要以佛經、教義、神話傳說、歷史故事、昆氏史、薩迦史、山水景觀、花卉瑞獸、裝飾圖案等為主，場面宏大，內容豐富。其中尤以薩迦法王像和曼陀羅最有特色。著名的壁畫有：

（一）金廓拉康壇城壁畫，即「壇城殿壁畫」

位於拉康欽莫大殿二層西回廊。牆上壇城壁畫是中國元代繪畫藝術珍貴的文化遺產，被認為是薩迦寺最早最完整的壁畫。金廓拉康共有壁畫壇城63座，其中大壇城20座，小壇城

43座。大壇城分別為：桑堆江白多吉金廓（密集妙吉祥金剛壇城）、桑堆堅惹色金廓（密集觀自在壇城）、桑堆米覺巴金廓（密集不動金剛壇城）、摩哈摩呀金廓（摩耶佛母壇城）、給‧多吉那波魯金措給廓（喜金剛措金宗壇城）、給‧多吉米阿阿魯金廓（喜金剛米佛壇城）、多吉印金廓（金剛界佛壇城）、多吉怙露堪卓拉惹德金廓（金剛空約壇城）、科洛德覺珠欽那布魯金廓（勝樂金剛那布宗壇城）、科洛德覺羅黑色魯金廓（勝樂羅黑巴宗壇城）、科洛德覺康珠加喜金廓（勝樂善巧成就旨壇城）、科洛德覺波堅金廓（勝樂壇城）、普巴多吉尋隆金廓（金剛橛尋隆壇城）、普巴陽達瑪美怙金廓（金剛橛壇城）、多吉達美瑪哈姆金廓（金剛壇城）、白教吉科洛金廓（吉祥時輪金剛壇城）、歐松衰乃炯哇金廓（吉祥時輪壇城）；小壇城分為兩排，分布於大壇城四周，中間配以山水、祥雲、佛陀、菩薩、侍女等圖像。

（二）昆氏世襲史畫

位於拉康欽莫大殿二層回廊北部，題材為昆氏家族世系肖像118尊，其中尤以天神基仁、昆邦傑、貢嘎寧布3尊畫像最為高大，其餘畫像分四層整齊排列。整幅壁畫儼然是一幅昆氏世系形象、生動的連環畫。

（三）蓮花生傳記畫

位於次久拉康西壁。壁畫詳盡地描繪了一位頭戴三角卷沿

帽,頂插鷲羽,雙眉鎖閉,瞠目張口,懷抱骷髏魔杖,手端人頭骨碗,呈怒相的蓮花生形象。並通過組圖講述了蓮花生大師降生時,四周龍女、仙女、虎、豹、獅、孔雀、鴨、鵝和人歡呼雀躍的場面;在印遊學時,學經修身、雲遊四方、弘傳佛法的場面;進藏時,廣施法力將妖魔、蛇蠍、野犛牛、猛獅、地方精靈一一降服的場面;以及修建桑耶寺,廣譯佛經的場面。整圖充滿了神奇色彩。

(四)釋迦牟尼傳記畫

位於拉康欽莫大殿內之大經堂東壁。壁畫淋漓盡致地描述了釋迦牟尼佛一生的經歷,自他為拯救人類誦苦乘象下凡入胎畫起,接著為腋下降生、七步生蓮、比武伏象、王子出行、夜半逾城、6年苦修、降魔成道、傳經弘法、歷經十難、佛祖涅盤、分取捨利等情節。其中尤以繪製的8尊施不同手印的等身釋迦像最為引人注目。整幅壁畫全長66米,為佛傳連環畫中罕見。

(五)山水鳥獸畫

多見於薩迦寺各殿堂。主要有「獅圖」、「虎圖」、「四合睦」、「六長壽」、「東尊丹巴(聖僧圖)」、「瓶荷圖」、「松鶴圖」等風俗景致畫,它們在薩迦寺壁畫中多是作為鋪底或反襯出現的。

（六）壽星圖

見於薩迦寺原八思巴官邸的屋頂上。該圖為紅底彩繡，整個畫面分為三圈，外圈上首和兩側各繪兩隻鳳凰和花枝，下方繪五獅戲珠；中圈上邊繪壽星、仙鶴、麋鹿、長壽樹，左右兩側繪道教的八仙，下方繪有仙草和八角涼亭；內圈繪一位右手托仙桃，左手拄一掛葫蘆拐杖的壽星。圖內漢文題款顯示這是廣東海南縣知縣傅汝梅送給鹿大人80壽辰的祝壽禮物。這幅《壽星圖》充分說明了薩迦派同內地官員之間的關係和交往。

四、薩迦寺組織機構及法事活動

薩迦寺不但是宗教活動場所，同時也曾是政治、經濟、文化活動中心。自薩迦派成立以來，該寺一直實行法王（達欽）管理制。元朝時期，達欽作為最高負責人，其下設本欽和囊欽，本欽是統治烏斯藏地區的薩迦政權的首席行政官，囊欽是薩迦政權的內政官，主要管理加派內部的行政事務。八思巴時，專門設立拉章機構，內有十三種侍從官員。隨著薩迦地方政權的消亡，機構設置發生了相應的變化。至近代薩迦管理機構同紮什倫布寺一樣，分「孜」和「雪」兩部分，「孜」是教務機構，也就是薩迦法王的侍從機構，有堪欽（總堪布）、經師、強佐（總管）、索本（管理飲食者）、森本（管理起居

者）、措仲、拉曼巴等執事僧。「雪」是政務機構，總理薩迦內外事務。

就寺院內部組織機構說，南北兩寺設堪欽一人，受達欽領導管理各種宗教活動。北寺是密宗學院，下設繞強巴紮倉（博學學院）和盤藏巴紮倉（實踐學院）；南寺設堆瓦（戒律）紮倉和參尼（性相）紮倉。南寺紮倉由經院堪布負責，堪布下設翁則（領經師）、洛本（軌范師）、曲陳巴（掌堂師）、林本（持戒僧）等僧職北寺由繞強巴（博學者）負責管理，下設職務有卻本（管理佛法儀式的官員）、寢室官、茶官、修行院堪布等。

薩迦寺的經學教育內容涉及因明學、中觀學、唯識學、戒律學、般若學和密法。規定必修的論著有18部，其中屬於因明學的論著有陳那的《集量論》、法稱的《釋量論》和《量抉擇論》、薩班的《量理寶藏論》；中觀方面有龍樹的《中觀論》、提婆的《中觀四百論》、月稱的《入中論》；唯識或對法方面有無著的《大乘阿毗達磨集論》和世親的《俱舍論》；般若學方面有彌勒的《現觀莊嚴論》、《莊嚴經論》、《寶性論》、《辯法法性論》、《辯中邊論》和寂天的《入菩薩行論》；戒律方面有《別解脫戒經》，功德光的《律經本論》和薩班《三律儀論》。每一部分班級學習，修完通過辯經晉升，獲得不同的學位，如學完四部大論，通過辯經者獲得「噶希巴」（已學成顯法經義的大師）學位，學完10部獲得「噶舉巴」學位等。

薩迦寺一年大小宗教活動很多，如藏曆5月的祈雨節、供養法會、喜金剛法會、7月的秋季大法會和11月的冬季法會等。其中秋季法會和冬季法會獨具特色。秋季法會，也叫「普巴法會」（「普」象徵慈悲，「巴」象徵智慧，即法會義即慈悲與智慧合一的法會）或「薩迦大靈器舞」，是15世紀由薩迦法王（達欽）阿旺貢噶仁欽根據金剛橛修供儀式改編而成。傳說，西元8世紀由蓮花生大師傳進西藏，在桑耶寺落成典禮上表演，昆氏弟子魯耶旺布全部學得。因為，金剛橛是密教本尊之一，為不讓俗人觀看，所以開始時在夜半進行。但是，後來逐漸公開成為一種僧俗的娛樂節日，內容也有所變化。現在的安排是，法會第一天跳普巴金剛舞，內容包括前行15項、正行34項和結行誦經迴向；第二天先集中在經堂念誦普巴金剛護法經，然後表演與第一天大致相同金剛舞，舞者的服裝有所變化，主要以供酒安撫天龍八部；第三天在沙盤上製作普巴金剛壇城，整個過程完全按照密教儀軌進行。

　　藏曆11月23日至29日的冬季大法會，又稱「大黑天法會」，主要配合誦經迎請護法神像，表演護法神大黑天面具舞。此舞由阿旺貢噶仁欽所創，他是八思巴的第10代傳人，小時候父親絳央次旦紮西去世，他和兄長貢噶桑珠受拉孜宗本帶兵侵襲連夜逃離薩迦寺，來到桑耶寺和7個香燈師一起生活了10年。18歲那年，由江孜法王和仁布首領幫助打敗了拉孜宗宗本。回到薩迦寺後，貢噶仁欽對寺院進行全面修復，恢復了兩大紮倉，制定了修行儀軌。在他繼承法王的慶典會上，僧人

表演了以薩迦寺的三大護法神寶帳怙主、婆羅門護法和吉祥天母為主要內容的「依當傑多」、「赤列普巴」、「戳波」為主體，配以「吉巴」、「培妹」、「阿巴」、「羌姆神舞」。僧人表演結束後，信教群眾自發組織扮演武士表演，以表示消除一切災難。從此，法王坐床大典與冬季大法會為同一時間。法會一共7天，每天進行13項儀軌，包括向大黑天祈禱、供獻曼荼羅、念誦喜金剛經，並進行會供和回向等。法會最後一天，表演巨型面具舞，焚化5個朵瑪。

五、薩迦寺的文物

薩迦寺從建寺至今已有900多年的歷史，其間又有薩迦王朝作為其政治中心統治全藏的70餘年，使薩迦寺作為薩迦派歷史發展及西藏地方和中央政府關係的的歷史見證保存了自宋、元以來的各種佛像、法器、刺繡、供品、瓷器以及法王遺物，以及中央政府賜給薩迦的冠帶、印璽、封誥、服飾等極為豐富的政教文物，而被稱為「第二敦煌」。

典籍在薩迦寺所藏文物中最負盛名，據不完全統計，薩迦寺內典籍總數約有24,000函左右，45,000餘部，被認為是全國寺廟藏書中的首位。這些典籍多是由八思巴任法王時集中了全藏的書寫家用金汁、銀汁、朱砂或墨汁精工書寫而成，另外還有一些發源於古印度、迄今世界上已不多見具的貝葉經文獻。現主要存放在薩迦北寺的「烏則」、「古絨」的藏書室和薩迦

南寺的大殿中，據說僅整理出這些藏書的目錄就需要100年的時間。典籍內容非常廣泛，涉及藏傳佛教經典、曆算、醫藥、文學、戲劇、歷史等多個領域，主要有《甘珠爾》、《丹珠爾》、《帕巴傑東巴》（金環經）、《宗派源流》、《怛特羅部》、《道果》、《量釋論》、《薩迦更崩》、《薩迦歷任法王傳記》、《普巴經》、《釋迦傳記》等。其中由金汁、銀汁等珍貴材料抄寫而成的最大經書「甲龍馬」則被認為最為著名。薩迦寺所藏的貝葉文獻現保存有8部，是用藏、漢、蒙三種文字書寫，被視為稀世之寶，它們呈長方形，經板及卷內繪有佛陀、菩薩、度母諸像，色彩絢麗，具有典型的犍陀羅風格。其中尤以貝葉書寫的《八千頌般若波羅密多經》最為著名。

唐卡被認為是西藏寺院繪畫藝術的奇葩，薩迦寺唐卡現存有3,000餘幅，據鑑定，宋、元、明時期的珍貴唐卡有360餘幅。其中以《八思巴畫傳》最為珍貴，原套30軸，現藏25軸（流失5軸），該唐卡描述了八思巴出生、進京、回藏興建薩迦大寺等一生主要活動和功績。此外，還有歷代法王、高僧、佛陀、佛母、菩薩、度母和各類護法神唐卡，都是不可多得的藝術珍品。

薩迦寺的佛像數量在藏傳佛教寺院所供佛像中也是名列榜首，各種佛像約有兩萬多尊，其中尤以存放於普巴拉康的佛像為最多（約有4,000餘尊）。從類型上來說，既有數十尊高達10米的合金、鎏金銅、銀質的大宗佛像，也有一千餘尊石

刻、木雕、陶塑、合金、銀、銅、鐵質的各類佛像。形象多為歷代製作的佛、菩薩、度母、護法神、及薩迦寺的高僧、活佛像等，製造工藝涵蓋了漢地、印度、尼泊爾及各朝代不同的造型，被稱為佛教造像藝術的博物館。

薩迦寺的瓷器文物主要陳列於拉康欽莫大經堂供台的木格櫥龕中，總計約有3,000餘件，其中多為元明以來瓷器，也有少量宋瓷。形制有高足碗、碗、瓶、壺、盒、人像、顱型器、觥、獅等類型。圖案有宗教題材的八寶、摩尼寶、雙龍、雙鳳、松鶴、蓮紋、金剛杵、六字真言等圖案，世俗特色的采青、狩獵、仕女出行、八童習武、群賢聚集等圖飾，以及生動活潑的山水、花卉圖案，這些瓷器年代悠久、製造精美，多為元朝皇帝的賞賜，是元以來中央政府對西藏統治的歷史見證，具有極高的歷史和文化研究價值。

薩迦寺所藏的印章和封誥主要是自薩班·貢噶堅贊（西元1182-1251年）以來，薩迦昆氏家族十餘人擔任元、明兩朝的帝師，並有數人與皇室外通婚而來。這些既有如元代詔書、白蘭王印、統領釋教大元國師印、大元帝國統領諸國僧尼中興釋教之印、亦思麻兒甘萬戶府印等重要敕封，也有如海螺、盔甲、盔帽、馬鞍等一般賜品。它們對於研究元、明兩代對西藏施行的政策、行政建置、職官制度、漢藏關係及當時的雕刻、鑄造工藝等提供了珍貴的實物資料。

薩迦寺的四件珍奇寶物與鎮寺之寶

　　薩迦寺有4件珍奇的寶物，即貢布古如（由竹青白瓦巴從印度請來的依怙神像）、文殊菩薩像（薩班的本尊像，據說在像前念七天文殊經就能打開智慧之門）、玉卡姆度母像（八思巴供奉的本尊佛像）和朗結曲丹（由大譯師帕白洛粲瓦修建的佛塔，塔里經常出水，被視為神水）、四大奇寶中前3件是佛像。薩迦寺的鎮寺之寶是當年忽必烈送給八思巴的一個黑木匣子，匣中有一隻碩大的白皮海螺，寺中僧人視為聖物，每當宗教吉日，薩迦寺都會才開啓木匣，捧出海螺由高僧吹奏，以示吉祥。

六、薩迦寺的傳承與高僧

　　薩迦寺的傳承有自己教派的獨立性，在教法上，該寺秉承著建寺之初從卓彌譯師那裡繼承而來的新派密法──「道果教授」為自寺的一貫傳承。而在人員的傳承上，該寺作為薩迦派昆氏家族的家寺，自它創立初起就一直與昆氏家族相聯繫，無論是該派在元代時的權傾一時，還是在後來薩迦派失去政治上的地位，昆氏家族的成員一直擔任著該寺的寺主，至今沒有間斷。這種與寺院捆綁的血緣傳承傳統，在薩迦派政法興盛時，保證了寺院政教方向的一致和財富的集中，而在薩迦派衰落時，則提高了寺院的向心力，保證了薩迦派的生存，在藏傳佛教各教派中獨樹一幟，形成了薩迦寺傳承的自有特徵。而悠久的傳承歷史過程中，薩迦昆氏家族的歷代成員為薩迦派的發展

做出了他們應有的貢獻，不過為後人所共知的，仍然還是薩迦派開創初期的「薩迦五祖」。

薩迦初祖名袞噶寧布（西元1092-1158年），是袞卻傑布的長子，被公認為「薩欽」。他並未出家，因身著白衣，故稱他為白衣初祖。他幼年時就隨八日譯師（西元1040-1111年）學法，12歲時依仗底·達瑪寧布和瓊·仁欽紮等學習對法、中論、因明等顯教經典，從朗·卡烏巴昆仲學《密集》、《勝樂》、《大黑天》等密法，後在向敦·卻八大師處盡學《道果法門》。此後又師從印度成就大德毗瓦巴親學習總傳13種續部要門、別傳14種不出寺圍金法的道果教法。被薩迦派公認為「掌握了一切甚深顯密教法」的教主。他住持薩迦寺48年，弘揚薩迦派法，有弟子甚多，著作等身，在他67歲的圓寂。

薩迦二祖鎖南孜摩（西元1142-1182年），是袞噶甯布的次子，即白衣第二祖。他幼年時就跟隨卡烏巴·卻季僧格等大師學習龍樹中觀及慈氏五論教法，16歲時就透徹通達一切續部要門，為眾多弟子講法，使得從學者甚眾，門庭頗為興盛。

薩迦三祖紮巴堅贊（西元1147-1216年），是袞噶寧布的三子，系白衣三祖。他幼年時就從降森·達瓦堅贊大師受勤策戒，不茹葷酒，嚴持戒律。12歲時從父薩欽處得到道果法的教授。26歲繼承法座，70歲時圓寂。

薩迦四祖袞噶堅贊（西元1182-1251年），為紮巴堅贊弟白欽沃布之子，系紅衣第一祖。15歲以前他就隨伯父紮巴堅贊完全學得薩迦所傳的一切顯密教法，並從喀什米爾班欽學《金

剛歌》，從宿敦、粗敦、瑪甲・絳尊等學彌勒法、量論，從喀什班欽授比丘戒，又從其弟子僧迦室黎等學聲明、詩學，博通一切大小五明，遂有班智達之稱號。他曾著《理藏論》和《三律儀差別論》駁斥邪說。駐守西涼的蒙古親王闊端聞其名，將其迎至西涼，由此正式確認了西藏地方納入中央的版圖，70歲時圓寂於涼州。

衰噶堅贊弟弟桑查・索南堅贊（西元1148-1239年）幼從薩班學習各種顯密教法。他善於世務，對擴建薩迦寺廟，為昆氏家族營置私產頗竭心力。56歲去世，其長子即八思巴帝師。

薩迦五祖八思巴（本名羅朱堅贊）（西元1235-1280年），為衰噶堅贊弟索南堅贊的長子，系紅衣第二祖。他自幼從薩班衰噶堅贊受沙彌戒，並盡學薩迦派一切顯密教法，17歲時隨薩班到涼州，19歲時即為元帝忽必烈傳授《喜金剛》大灌頂，20歲時受比丘戒，26歲時被忽必烈封為帝師，掌管全國宗教事務，並令統率衛藏13萬戶，成為薩迦地方王朝的統治者，46歲時圓寂。

覺囊法脈：
覺囊派重要寺院
——中壤塘寺

中壤塘寺是曲爾基、藏哇和策卜居這三座有歷史淵源關係的寺院總稱。它位於四川省阿壩藏族羌族自治州壤塘縣東北40多公里的中壤塘鄉，背靠壤跋拉神山，面臨則曲河，坐落在河邊的臺地上。它興建於西元14世紀末，距今已有500餘年的歷史，自衛藏地區的覺囊派祖寺覺囊寺在五世達賴時期被迫改宗衰落後，中壤塘寺就因其繼承覺囊派法脈、弘傳覺囊派的文化而在藏傳佛教諸教派寺院中獨樹一幟，而被藏區其他教派所尊重。如今的中壤塘寺，以其殊勝的覺囊教法、保存完好的藏式建築群，為海內外遊客及覺囊派信眾所嚮往。

一、中壤塘寺的歷史沿革

　　中壤塘寺最早是從曲爾基寺興建開始的。西元1379年，嘉摩擦瓦絨的本教大德仁欽貝（西元1350-1435年，瑪律康腳木足鄉蒲志村人）在衛藏覺囊寺跟隨覺囊派大師喬勒南傑學法13年後，奉師命，帶著所賜的「噶當塔」和一枚法螺回到藏東建寺弘法，度化眾生。在中塘壤跋拉山腹地的大草灘上，因隨身所攜海螺突然自鳴，坐騎自臥不起，於是決定在該處建寺弘法。在當地地方封建主的支持下，仁欽貝在原本教寺院囊西寺的基礎上興建了經堂、辯經場、大殿和內外圍牆等可容納千名僧人的寺院建築，由此形成了最初的「曲爾基寺」。之後，仁欽貝在進京朝貢時，得到明成祖永樂皇帝賜予的擦科、阿科、色科、玉科、宗科等地的管轄權，由此使覺囊派在中壤塘能夠落地生根。

　　佛傑瓦尚波（西元1419-1482年，即第一世仲哇活佛）時期，面對地震自然災害的破壞，佛傑瓦尚波帶領僧眾對曲爾基寺院進行了修復和擴建，新建了喇章粲西林，並在殿內塑造了兩層半樓高的彌勒佛像、燃燈佛像和釋迦佛像，牆壁上繪製了多布巴、多羅那他等覺囊派高僧的畫像。同時，他還利用個人威望及壤塘境內部分上層勢力的支援，興建了薩拉尚旦寺、康薩寺、貝旦粲西崗寺、草墩寺和泊爾卓寺等小寺院。通過傑瓦尚波的不懈努力，曲爾基寺的影響衝出了則曲河流域，使作為

覺囊派的曲爾基寺成為嘉絨地區一支重要的宗教勢力。西元1435年，佛傑瓦尚波的弟子仁青紮巴在曲爾基寺的旁邊修建了策卜居佛殿。

傑瓦僧格（西元1508年—1580年，即第二世仲哇活佛）時期，在他宣導下，曲爾基寺又興建了以康瑪寺為首的100餘座小廟。1550年，傑瓦僧格前往北京朝供時，明世宗朱厚熜冊封傑瓦僧格為「大善法王」，並賜朵康地區的八個大壩（阿都壩、貢賽霞壩、澤噶拉木達壩、瑪色列壩、木雅賽切壩、賽郭根壩、頗紮切瑪壩、巴拉吉丈壩）和五座神山（東方年波宇孜，卓地拉日年孜、杜曲河流域的古喇甲孜、夏雪地方夏熱門孜、木雅地區的夏紮拉孜）（今阿壩州甘孜州和果洛州）給曲爾基寺管轄，使曲爾基寺的勢力達到頂峰。

第四世仲哇活佛紮巴臥賽時期，紮巴臥賽又對寺內殿宇和子寺進行了修繕，並模仿覺囊寺的佛塔新建一座「恒固塔」。由此，開創了中壤塘寺的建塔傳統，保持了曲爾基寺的覺囊派傳承不衰。第五世仲哇活佛傑瓦倫珠紮巴（西元1674 -1736年）時期，面對曲爾基寺的衰落，他從西藏藏哇地方請來克周羅周南木甲活佛來壤塘弘法，並為克周羅周南木甲活佛在曲爾基寺旁修建了由大經堂、護法殿、禪院、活佛院、吉哇院、僧舍和大廚房所組成的建築，即藏哇寺。由此形成了中壤塘寺的三大建築群。

之後，由於受到覺囊派在衛藏地區受到打擊的影響，中壤塘覺囊巴寺廟群逐漸取代了西藏拉孜地區覺囊寺祖寺的位

置，成為了覺囊派的復興基地和根本道場。濟美貝季僧格（西元1788-1835年，第七世仲哇活沸）時期，他通過祈福薦亡等宗教活動，鞏固了曲爾基寺在杜曲、則曲和麻爾曲三河流域、松崗等嘉絨地區、果洛色達瓦述和阿壩河流域的原有聲名。同時，他與拉蔔楞寺堪布紮巴堅贊的結交，並將拉蔔楞寺的護法神納為曲爾基寺的護法神，這一舉動有力地緩和了覺囊派與格魯派在教法思想上的對立，擴大了覺囊派在這一地區的宗教影響。而川督劃撥寺屬數百余戶百姓的嘉獎，又使覺囊派在經濟勢力上得到了進一步增強。

解放後，由於藏窪、曲爾基、策卜居三寺互相毗連，形成布局井然、氣勢磅礴的寺院建築群，加之同屬覺囊派達旦丹確林寺傳承，並且在管理上共設赤哇，共同學經或舉辦一些大型宗教活動，因此被合稱為中壤塘寺廟。改革開放後，三寺合設一個寺管會，由藏窪寺住持任主任，曲爾基寺住持和策卜居寺住持副主任共同管理中壤塘寺，使其進入了新的發展時期。隨著中壤塘寺內建築的修葺一新，每年慕名來此朝覲或攬勝的海內外人士都絡繹不絕。

二、中壤塘寺的建築布局

中壤塘寺建築群以藏經閣為中心，依山就勢而建，經過歷代法王在壤巴拉塘山坡上下不斷擴建，加蓋金頂，逐漸增加了許多藏漢與傳統相結合的古建築物，從而形成了一處藏漢藝術

風格相結合的透迤重疊、規模宏大的建築群。現主要建築有大經堂（中壤塘寺內的曲爾基、藏哇、策卜居建築群都有各自獨立的經堂）、佛殿、轉經廊、佛塔、仁木康（活佛和上層喇嘛的住所）、直不康（均為普通僧人坐經的住所）等。

確爾基經堂是中壤塘寺中規模最大的建築，它是一座木石結構的藏式建築，為全寺的中樞。由前殿樓，前庭院、正殿和後殿四大部分組成。經堂內主供一尊高約七米的坐式彌勒佛銅像，兩旁附有一座兩米高的篤補巴‧西饒堅贊銅像和一座多羅那他銅像，以及一座4米高的時輪銀塔和一座3米高的江窪喇嘛銀靈塔，此外還有100多尊鑲嵌著珊瑚、琥珀、綠松石、貓銀石等珍寶的靈塔佛像。另殿牆上掛有47幅反映宗教活動內容的唐卡，其中以仁欽貝親自加持過的《蓮花生威儀像》最為珍貴。

「康馬」佛殿為中壤塘寺中最著名的佛殿，有467年的歷史，多康佛教信徒習慣以「康馬」金佛像發誓賭咒。殿內主供有7米高的釋迦牟尼銅像，佛像形態高大，體態莊重，面目慈祥，給人以美感。四周牆上繪有時輪續部壁畫全套，形象逼真，栩栩如生。此外，佛殿內還藏有明代保存至今的漢造佛像、唐卡、銀塔、木刻經板、銅塔、經書、轉經輪等文物古跡，以及用金汁書寫《十萬般若》。

彌勒殿內塑有兩層半樓高的彌勒佛像。彌勒佛像右側是燃燈佛像，左側是釋迦佛像，牆上繪有香巴拉勝景圖，屬於明代壁畫，具有很高的研究和欣賞價值。彌勒殿的二層樓上藏有一

套古版大藏經，還有珊瑚、琥珀等珍寶鑲嵌的高僧靈塔兩座。它是壤塘寺今日保存下來的最為完整的古建築。

在中壤塘寺的週邊有一圈圍廊，約4000米。它與格魯派寺院在經堂內或寺院門口安置轉經筒的方法不同，是專門修建在約二三來寬，幾米甚至上百米長的長廊中，在長廊內依次排列轉經筒，一個轉經廊內轉經筒的數量由幾個至幾百個不等。轉經廊均在建築牆邊上，轉經廊與轉經廊之間的距離長短不等，有的相距很近，僅2、3米，有的相距幾十米，甚至幾百米。由此，形成從這個轉廊進，走一段路又進入另一座轉經廊，走完轉經廊也就圍著整個寺院轉一圈的特色。

果芒大塔位於「康馬」佛殿外，為明代正統年間建造，曾名振藏東，它是康瑪金佛像、金汁大藏經並稱為中壤塘寺廟的「身、語、意」三大所依。該塔為石砌的實心大白塔，高40多米，由塔基、須彌座、塔身和塔剎組成，整座佛塔混然天成，雄偉莊嚴、高大挺拔，是覺囊派佛塔建築文化的典範。

三、中壤塘寺的活佛傳承

中壤塘寺的曲爾基、藏哇、策卜居在教法上都共尊覺囊派多布巴、多羅那他教法思想的同時，又都有各自獨立的活佛傳承系統，並由此在培養出了享譽多康地區的五明學者曼木達、格勒江措、阿旺羅珠紮巴，承前啟後，大開覺囊派一代宗風的大德阿旺羅成，雲旦壤波，以及使覺囊之光大放光芒的當代覺

囊派法王阿旺雲登桑布等高僧。

歷史最悠久的曲爾基活佛傳承始於嘉哇桑布（西元1419-1493年，瑪律康日部鄉巴朗村人，他為曲爾基寺的創建者為仁欽貝的大弟子），其曆輩轉世稱為碓基活佛。碓基活佛系統共傳十世，分別為一世活佛傑瓦尚波、二世活佛傑瓦僧格、三世活佛堅贊僧格、四世活佛紮巴臥賽、五世活佛傑瓦倫珠紮巴、六世活佛額頓丹巴達傑、七世活佛濟美貝季僧格、八位活佛衰嘎米旁曲季強巴、九世活佛濟美旺波、十世活佛噶瑪登德多吉。現任活佛噶瑪登德多吉為梭磨宣慰土司蘇永和的嫡孫，1995年正式坐床。

勢力最大，支寺最多的藏哇活佛傳承始於從藏地藏哇來的阿旺單珍蘭木甲的活佛，至今已傳五世，分別為一世活佛阿旺單珍蘭木甲、二世活佛貢窮泥麥蘭木甲、三世活佛根桑陳劣蘭木甲、四世活佛阿旺彭錯蘭木甲、五世活佛阿旺奧丹（在世）。

規模最小的策卜居活佛傳承始於爾那格得建造策卜居寺後，至今延續了八世活佛，分別為一世活佛爾那格得、二世活佛單比作麥、三世活佛甯單寺爾基、四世活佛尕爾馬俄日、五世活佛甲爾奪爾基單珍、六世活佛根尕熱單甲木初、七世活佛尕爾瑪尼登拍、八世活佛仁青紮巴（50年代圓寂）。 策卜居寺現任主持為索朗壤活佛。索朗壤是策卜居寺邱央奪爾基活佛的轉世活佛，不屬上述活佛系統。

四、中壤塘寺的寺院組織和教育制度

擁有500多年歷史的中壤塘寺形成了自己自成體系的寺院組織管理模式，它是世俗社會制度的體現，也是覺囊派修學思想和教法體系的一種延伸。具體來說，該寺（曲爾基寺、藏哇寺、策卜居寺管理上雖相互獨立，但管理模式相同）的組織系統主要有：

洛布即寺院的主持（中壤塘寺的活佛是寺院的象徵，但不參與寺院的具體管理），它是寺院的最高領導者，主管寺院的宗教和行政事務，終身任職。其產生程式一般是由現任洛布提出繼任的候選人，由堪布、格古等討論決定（現任洛布起主要作用，有時是決定性的作用）。洛布的候選人必須是寺院中學識最高，能傳教宏法和授戒者，一般要年齡較長者。

堪布主管寺院內講經傳法事宜，他隸屬於洛布，由洛布直接任命，任職是終生的。這一職位須是佛學造詣高的人。中壤塘寺每年藏曆6月15日開始的講經，均是由堪布主持（這是堪布最重要的職責），但每年具體由哪一位堪布主持，則無明確規定，全憑自願。

格古即鐵棒喇嘛，這一職位任期3年，由洛布任命，隸屬於洛布。其職責為法會時維持秩序，在僧人受戒時起監督作用。一般是會念經，做事當機立斷，有一定威望和管理才能的人擔任。

赤巴是主持每年的法會代表喇嘛，或代表寺院外出念經（其念經收入須上交寺院），他隸屬於堪布，由洛布任命，為終身任職。

翁則為領經者，分為大翁則和輔助翁則。大翁則3年一換，輔助翁則任期不限。他們由洛布選任，隸屬於堪布。強本為寺院跳神舞的領隊，隊員稱強巴娃。他們平時與其他僧人一起念經、坐經。但每年要專門抽時間排練跳神，以備法會上表演。捏巴主管寺院的財物、經濟的人。通常有2人分擔，一個管賬（相當於會計），另一個管實物，錢財（相當於保管、出納）。均任期3年，由洛布、堪布、格古共同商最任命，並隸屬於堪布。

格古是一些能寫會算，會做生意的人，他們可以是僧人，也可由俗人充任。

計娃是為寺院經商的人，他們是由寺院附近牧戶（農戶）的男人輪流擔任。

溫波是大活佛佛學水準較高的近親為僧，給予的稱號。溫波沒有明確的職責，可不管事，也可參與或管寺院內各種事務。根據溫波佛學水準的高低，還可擔任赤巴、堪布和奪爾基洛布等教職。但如果不是大活佛的近親，不管佛學水準再高，教職再高，也不會成為溫波。

通常當寺內遇有最重大事情，洛布會召集全體僧人開會討論決定。這種全體僧人會議沒有定期的開會時間，具有較大的隨意性，但對一些最重大的問題有決定權。除此而外，寺院的

一般問題，則是由洛布、活佛、堪布、格古、赤巴開會討論決定。因此，這是一個以洛布為核心的經常性決策機構。

中壤塘寺的學經制度有別於藏傳佛教其他各派，該寺實行的是坐經制，這一制度是由曲爾基寺第六世仲哇活佛額頓丹巴達傑（西元1742-?）創立的。通常7、8歲的孩童入寺先找一紮巴教學藏文字母，到能念基本經文時送至寺中正式開始坐經。中壤塘寺每年招收一批紮巴入寺坐經，歲數在10幾歲左右或20幾歲不等，一般坐經為3年，其間要進行若干次考試並授比丘戒，3年期滿才被承認為正式的紮巴。此後，若要坐經修行仍為3年，此間不能見外人，食物由家人送去。修行滿後即可自學，也可跟師繼續學習，時間的長短則由自己決定。

五、中壤塘寺的節日與神舞

作為藏傳佛教覺囊派主要法脈的中壤塘寺在與藏傳佛教其他教派的接觸、吸收、融合、發展過程中，逐漸形成了自己寺院的節日傳統及固有文化傳統，這成為中壤塘寺弘傳佛教法的重要內容。

中壤塘寺每年的固有宗教節日主要有：

（一）默朗節

藏曆正月初一至初七，藏語稱默朗欽波，漢語稱大願法會，俗名傳大召。這是吸收的藏傳佛教格魯派的節日，期間主

要活動是念經。

（二）沙達益措欽節

藏曆4月初一至15日，這個節日是為供養藏曆4月的氐宿天象及釋迦牟尼佛的降生、成道和圓寂。這個節日，中壤塘寺在念經的同時還要會曬唐卡，因此也被稱為「曬佛節」或「佛誕節」。

（三）雅爾措節

藏語稱雅乃或「雅爾措」。該節日是從藏曆6月初一至15日舉行。

（四）苟多爾節

在藏曆12月24日至30日舉行，該節主要是慶祝新年。節日期間會舉行跳神活動、拋送驅魔送祟的食子，以求不吉利的一切都到此為止，來年風調雨順、五穀豐登、吉祥如意，故有人也稱之為「消災節」。

中壤塘寺的神舞在中壤塘寺節日表演中最有特色，該舞蹈中在一年一度的苟朵爾法會上演出，相傳它是由西藏的覺囊派祖寺覺囊寺傳入，距今約有約五百餘年歷史。

該舞在演出內容、形式及部分角色的解釋等方面都有別於藏傳佛教其他教派的神舞。

在內容方面，該舞嚴格遵照每年苟朵爾法會的儀軌進行演

出，通常以怖畏金剛、寶帳估主2位本尊為主，配以法王及眷屬，每年進行輪換。

在角色方面，主要有主神：怖畏金剛、寶帳估主、法王；護法：屍陀林；護法精靈：象頭、牛頭、獅頭、羊頭、狗頭、馬頭、狐狸頭、駱駝頭、豹頭、鶴頭、貓頭、鷹頭、鸚鵡頭、大烏鴉頭、小烏鴉頭、黃鵬頭、天鵝頭（寺院稱夭鵝，係印度一種非鶴非鴻的水鳥）、大鵬頭；護法使者：戰將、勇士、熊；凡人：老漢、老嫗、婆羅門，這類角色主要充當小丑，在演出前為取笑觀眾而出現。

在時間方面，通常是藏曆12月27日和28日兩天為素跳，29日正式演出。

表演過程：表演當日早上，先以三聲蟒號召集僧侶儀仗隊，在迎賓殿中將供物和禮品迎至經堂頂，焚香供祭。法師這時會口誦經文將五穀等祭品投入香爐，並向四面八方諸神獻供，祈告神靈，今日將動法器驅邪。之後，寺院會張掛四幅以曲爾基寺第一寺院活佛傑瓦尚波時製作的法王柱蟠供人瞻仰。寺院喇嘛、活佛、堪布這時會登上二樓，於在視窗向觀眾宣布國家的法令、法規及場內紀律。

下來開始表演前奏，老漢、老嫗、婆羅門形象出場，以滑稽湊興，邊舞邊將進入表演區的觀眾趕出，作為舞前的清場，在喇嘛、活佛、法會堪布入席就坐後。表演正式開始，首先是屍陀林上場，跳伏地舞後下，之後是十幾名金冠舞僧沿場而舞，以獻祭等向天地祈求施放朵爾瑪咒之道，舞畢後退場。

接著是各路護法精靈、護法使者、飾畏金剛（或寶帳估主、法王）登場，他們將鐵三棱架中的供神食子及楞迎團團圍住，隨供養僧、唱經隊所唱經文起舞。

之後，舞僧與儀仗隊及全寺僧侶，在法樂聲中將楞迎押至河邊焚葬，喇嘛施咒將紙符楞迎插地。法王起舞，用角挑打楞迎作征服儀軌，法王離去後，環繞的民間禮炮隊萬炮齊射將楞迎粉身碎骨。在喇嘛主持下，所有供品投入大火中獻祭，以謝神恩，神舞才算結束。

| 小專題8 |

覺囊派小史

　　覺囊派是藏傳佛教五大教派之一，該派創始人是玉摩彌覺多傑，因其五傳弟子袞邦・吐吉尊追（西元1243-1313年）在覺摩囊建寺（西藏日喀則專區的拉孜縣境彭措林寺東的一個山溝內）而稱為覺囊派。因該派所主教義為「他空見」與格魯派的「緣起自性空」義相違背，五世達賴阿旺羅桑嘉措（西元1617-1682年）時期，將當時已成為覺囊派中心寺院的達丹當卻林寺改為格魯派寺廟，更名為格丹彭措林寺。並勒令覺囊寺廟改宗，使衛藏地區覺囊一派幾乎絕跡。現在只有邊遠地區如四川阿壩自治州壤塘寺、色更寺與嘉絨地區的瑪律康縣賽貢巴寺、卓格寺，青海果洛自治州之賈貢巴寺、格果寺等寺廟繼續傳持覺囊派教法，上世紀80年代，覺囊寺在後藏得以復建，使覺囊派教派再次傳回衛藏地區。

「南藏」聖地：
藏傳佛教寧瑪派名寺
——敏竹林寺

敏珠林寺，亦稱「敏朱林寺」，它位於西藏山南地區紮囊縣門主鄉敏珠林村東面山谷內，相傳是由藏傳佛教後弘期上路弘傳僧人魯梅・楚臣西饒於西元10世紀末在敏珠林村講經說法所建，距今已有1000多年的歷史。做為藏傳佛教後弘期南傳伏藏的祖寺，以及藏傳佛教寧瑪派在前藏的三大著名寺院（另外兩個是多吉紮寺和白日寺）之一，該寺以傳授「南藏」與「三素」（即：大素爾・釋迦迥乃、小素爾・喜饒紮巴、卓浦巴）所傳承的佛教經典而在寧瑪派的歷史、教義等方面佔有十分重要的地位，對於研究藏傳佛教寧瑪派的興盛、發展、衰落及其傳承教義有很高的歷史價值。同時，敏珠林寺也因該寺在研習佛教經典、天文曆法、書法修辭以及藏醫、藏藥等方面的突出成就及悠久傳統而聞名全藏，至今仍為國內外藏傳佛教信眾所嚮往。

一、敏珠林寺的歷史沿革

　　敏珠林寺相傳始建於西元10世紀末，當時吐蕃後裔永丹的六世孫益西堅贊，為了復興佛教，選派了以魯梅為首的衛藏10人到青海安多地區的丹鬥寺學習佛法，回到藏地後，在山南門竹地區為便於講經說法而修建的一座規模不大的佛教寺廟，並取名「塔巴林寺」。之後的近700年，由於塔巴林寺位置偏僻、交通不便等原因，雖香火不滅，但沒有多大的發展。這種情形直至17世紀，德達林巴・晉美多吉到來，局面才得以改變。

　　西元1677年（藏曆第十一繞迴火蛇年），通曉佛法經文，擅掘伏藏的五世達賴的經師甯瑪派高僧德達林巴・久民多吉在五世達賴的支持資助下來到門主地區，對塔巴林寺進行了重修和擴建（相傳，德達林巴修建敏珠林寺大殿時，蓮花生大師突然現身他的面前，並顯影在措欽大殿的一面牆上，後來，德達林巴的胞弟達瑪夏日據此畫了蓮花生大師像），由此形成了以主殿祖拉康為中心的藏傳佛教甯瑪派寺院建築群，構建了今日敏竹林寺的寺院骨架，期間他將寺名正式改為了「敏珠林寺」。

　　與此同時，德達林巴・久民多吉也在敏珠林寺確立了傳授「南傳伏藏」經典和「三素爾」佛教經典的密宗法統傳承，並首創了甯瑪派寺院的修法規約、敲打、吹奏法則，以及舞蹈、繪壇、嘩誦等儀軌制度，由此，全面的確立了敏珠林寺的甯瑪

派寺院屬性。

　　隨後，德達林巴邀請其兄弟擅長繪畫、書法、醫學、曆算等社會科學的藏地的大譯師達瑪夏日來到敏珠林寺共同弘法。在達瑪夏日的努力下，敏珠林寺建立了寺院僧人除學習佛經外，還要學習醫學、天文、曆算、梵文、繪畫、聲律、修辭等「五明」內容的課程體系，從而為敏珠林寺贏得了西藏歷史上「第一所喇嘛學府」的稱號，成為藏傳佛教寧瑪派大小寺庵，以及藏傳佛教其他各寺院修學的榜樣。敏竹林寺也因此成為藏傳佛教各派僧人們嚮往修學的地方，並確立了敏珠林寺作為弘揚藏傳佛教「南藏」伏藏經典傳承祖寺的地位。

　　18世紀初，蒙古準噶爾部侵擾西藏，佔領了敏珠林寺，拆毀了祖拉康一角，毀壞了寺內主要佛像，寺院部分建築也遭到毀壞。後來，經過噶倫頗羅鼐的出資，才得以修復。由此，形成了有住寺僧人300多人，有自寺系統修學體系，並潛移默化地接受了藏傳佛教其他教派教理思想的寧瑪派寺院。這一時期敏竹林寺在佛教哲學、藏醫、天文、曆算和藏語、梵文等方面的優勢保持了它的一慣傳統。寺內的名僧輩出，成為了整個藏族地區慕名前來求學僧人的嚮往之地。

　　七世達賴喇嘛時期，由於敏珠林寺在西藏所有僧人進行的考試中，文化造詣多次被推第一，使得當時統治西藏地方的甘丹頗章地方政權，多次來到敏珠林寺選派精通歷史、佛學、藏文和醫藥、曆算的高僧擔任設在布達拉宮內的僧官教師，並擔任噶廈政府僧官學校的校長（「格根欽波」），以及負責研究

曆算、編修每年的藏地通用的《藏曆年表》工作，從而進一步促進了格魯派與寧瑪派之間的融洽關係，並使寧瑪派在噶廈地方政府的支援下得到了進一步的發展，敏珠林寺的聲譽也為更多的藏傳佛教信眾所認可。由此，敏珠林寺確立了不以政教勢力見長，而是在繁榮和發展藏族傳統文化中自成優勢的獨特地位。

「文革」期間寺院建築再度被毀，幾乎成為廢墟，僅主殿大經堂和密乘院措欽大殿得以保存。1983年中央政府撥專款對寺院進行維修，寺內建築得以基本恢復原貌。如今的敏珠林寺共有53名僧人，寺院管理機構設寺管會，由主任、副主任和委員會組成，並行使民主管理，並在提倡或發揚學習藏族文化優良傳統方面，依然保持著自己的獨有優勢。1996年敏珠林寺被列為了西藏自治區級文物保護單位，2006年又被國家公布為第六批全國重點文物保護單位。

| 小專題9 |

寧瑪派小史

寧瑪派被認為是藏傳佛教各教派中歷史最悠久的一個教派，相傳藏傳佛教前弘期時其核心教義「大圓滿」見就有在藏地流傳。藏傳佛教「後弘期」的初期階段，以索波切·釋迦瓊乃（西元1002-1062年）、索璃·喜饒箚巴、索·釋迦桑格（西元1014-1074年）為代表的三素爾通過創建鄔巴隆寺、規範「大圓滿」教法儀軌，使寧瑪派作為教派初步得以確立。至五世達賴時期，由於他對寧瑪派教法的肯定和支持，使寧瑪派在藏區得到了巨大發展，直至流傳至今。

二、敏珠林寺的建築布局

敏珠林寺坐西朝東，四面分別被米友山、卻丹山、哲布山和丹瑪山環抱，四面群山環抱，山青水秀，環境十分優美。自德達林巴確立其成為寧瑪派寺院以來，歷經400餘年的發展，現已形成以祖拉康佛殿為中心，曲果侖布拉康（須彌法輪殿）、堆對登由塔（伏魔塔）、桑俄頗章（密咒宮殿）、朗傑頗章（尊勝宮殿）等眾多小拉康護其左右，占地面積約有10萬餘平方米的寺院建築群，並以此展現了藏傳佛教甯瑪派作為「舊密」教義的特徵。

（一）祖拉康

祖拉康坐西朝東，高三層，由門廊、大經堂、佛殿、轉經廊等組成。門廊圍繞在大殿四周，廊前臺階兩邊各有小佛龕六座，內供有藏傳佛教之寧瑪派、噶舉派、薩枷派和格魯派的祖師。門廊除繪有四大天王、輪迴圖、世界模式圖，以及梵文的「六字真言」（漢字音譯為唵、嘛、呢、叭、咪、吽，是藏傳佛教中最尊崇的一句咒語）外，在其南北壁上有達瑪夏日所書寫的該寺歷史，現已經成為藏文書法的範本。

從門廊進去是大經堂，這裡是初級僧人修行和犯戒僧人思悔的地方。經堂四壁布滿壁畫：西壁繪有滾卻桑布、堅熱思森甯俄索和綠度母像；南壁繪有古如桑巴瓦（八種蓮花生化身之

一），其周圍為蓮花生傳記；北壁上部繪有釋迦牟尼像，下部繪有無量壽佛像。經堂內天井西壁繪有釋迦牟尼像；南壁繪有第五世達賴喇嘛（阿旺‧羅桑嘉措）像；北壁繪有德達林巴‧久美多吉、洛欽‧達瑪西日等甯瑪派高僧像。在大經常內的左前方為白欽拉康，右前方為神殿。北偏殿是護法神殿，內供護法神像，殿內壁畫也全是在黑底上以線描勾勒而成。護法神像面目猙獰，多頭數臂，手執各種法器或兵器，騎坐走獸或腳踏鬼怪。南偏殿是協耶拉康，壁上多繪文殊菩薩像。殿內供有高約1米的德欽卻珠銀制靈塔，以及鍍金的古如措吉多傑像（八種蓮花生化身之一）和其他七種蓮花生的泥塑像，另還有一尊高約1.5米德達林巴的泥塑像，在拉康正中放有一套《甘珠爾》（藏文大藏經佛語部）。

由經堂兩道拱門可進入佛殿，佛殿高六米，門內兩邊各有一尊高約3.1米的護法神泥塑像，他們黑面獠牙，怒目圓睜，身纏長蛇，腳踏鬼怪。殿內牆壁上畫的多是釋迦牟尼佛像。大殿正中供的是高約3.9米的釋迦牟尼結跏趺坐泥塑，在釋迦像前面是佛的二大弟子，右為迦葉，左為阿難，他們肩袈裟，相對而立；二弟子後邊各有一座高約2.2米的靈塔。在釋迦像兩旁是八大弟子（亦稱「八大隨佛弟子」，即：文殊、金剛手、觀世音、地藏、除礙障、藏、彌勒、普賢）塑像，皆為菩薩形象。他們或偏頭、或側目，體態俊美、形態各異。

祖拉康二層中間為天井，周圍有五座小拉康，即：德薩拉康（極樂殿）、民久白珍拉康、協熱拉康（智慧殿）、衛朗給

拉康（尊勝佛殿）、白瑪旺傑拉康。德薩拉康內供有由噶傑德西曲頂所造的反映釋迦牟尼八種行狀的善逝塔、菩提塔、法輪塔、神變塔、天降塔、和好塔、尊勝塔、涅槃塔和敏珠林寺第九任赤巴貢噶羅桑旺秋的銀質靈塔，以及《甘珠爾》一部；民久白珍拉康內供著民久白珍（德達林巴的女兒）的銀制靈塔，塔有兩層樓高，上鑲有許多珍貴的紅、綠寶石。此外，殿內還有供有手抄本《十萬般若》一部，以及德達林巴的著作；協熱拉康內供著十六羅漢泥塑像，壁上繪有寧瑪派歷代祖師像；白瑪旺傑拉康內供第五代赤巴白瑪旺傑的銀制靈塔，以及眾多鍍金佛像；衛郎給拉康內供有一些銀塔、鍍金佛像，以及一部手抄本的《十萬般若》，據說佛像是蓮花生大師親自從印度帶入西藏的，具有極大的加持。

祖拉康第三層是德欽拉康（大樂殿）和喇嘛拉康（上師殿）。德欽拉康內供有洛欽・達瑪西日的泥塑像；喇嘛拉康中供有滾卻桑布（常善）與受大圓滿戒的歷代喇嘛及歷代達賴的泥塑像。牆壁上畫有歷代寧瑪派的密宗高僧，以及大圓滿上師修行圖等，被認為是敏珠林寺的珍寶。據說是由大譯師達瑪夏日親自所繪，與敏珠林寺齊歲，已有300多年的歷史。

（二）曲果侖布拉康

曲果侖布拉康的位於祖拉康的北面，是石砌的三層樓。拉康底層大經堂與後部為佛殿連通。殿內主供德達林巴的鍍金銅像，壁上繪有十方佛（即：東方寶生佛、南方無憂吉祥佛、西

方寶光佛、北方帝釋佛、東南蓮花妙吉祥佛、西南日現妙吉祥佛、西北凶妙佛、東北禪定象妙吉祥佛、上方喜吉祥佛、下方蓮花吉祥佛）像。

曲果侖布拉康第二層有邦傑康（木板室）、騫陽廣（闊見），內供有鍍金11面觀音像及喇嘛泥塑像。曲果侖布拉康第三層是林瓊滾賽（常望臥室），內供有各種小佛像及各種經書；房頂上有鍍金勝利幢等裝飾。

（三）堆對曲登塔

堆對曲登塔，又名「十萬佛塔見解脫大塔」，位於祖拉康東北50米處，由德巴林巴持修建，塔高13層，外為白色。第一層為強巴殿，裡面主供著代表未來的強巴大佛，兩旁有八大隨佛弟子（八大菩薩）及度母像分侍左右，頂層飾有鍍金十三法輪，周圍另有八座德西曲登小塔環繞。附近村民每天多來此轉塔。

（四）桑俄頗章

桑俄頗章位於祖拉康的北邊，是僧人修行密宗的場所，高三層。底層是杜康（聚會大殿）大殿。殿內有柱子36根，其中4根長柱直通上層，形成天井；大殿內供有德達林巴泥塑像，壁上繪有千佛、藥王、文殊菩薩、度母、釋迦牟尼等像。二層佛殿內供有四臂觀音菩薩鍍金像、釋迦牟尼、不動金剛、馬頭明王和其他護法神等泥塑像。三層有思輪拉康、東古拉康（千

佛殿）、德欽拉康（大樂殿）、丹瑪拉康（地神殿）、傑梆尼俄拉康（君臣二十五人殿）、卻丹拉康（銀塔殿）、德欽央孜（靈塔殿）等小佛殿。思輪拉康內供有堪欽・桑俄丹增的銀制靈塔，以及檀香木、鍍金、泥塑等各種佛像。東古拉康殿內主要供有泥塑的三世佛像和千佛像，以及《十萬般若》一部；德欽拉康內供有尊者赤列白珍的銀制靈塔和泥塑的喇嘛像；丹瑪拉康殿內主要是一些繪有地神的故事壁畫；傑梆尼俄拉康內有蓮花生大師與赤松德贊、南喀娘波、桑傑益西、嘉瓦卻央、王妃喀爾欽氏益西措嘉、貝吉益西、貝吉僧格、貝若雜那、涅・益西雄努、宇柒娘波、多傑杜覺、益西央、索波拉白、尚・益西德、貝吉旺秋、丹瑪孜芒、噶瓦・貝孜、許布・貝吉僧格、嘉瓦洛追、且烏瓊洛、沃占・貝吉旺秋、瑪・仁欽卻、拉攏・貝吉多傑、朗卓・貢卻窘乃、拉松・嘉哇絳曲25名弟子的泥塑像。這座拉康是僧人們平時習經的地方，門樓的牆壁上繪有釋迦牟尼傳和蓮花生傳記等。卻丹拉康殿內主供第二代亦巴珍欽仁朗傑、第四代赤巴赤列朗傑、迵滾嘎楚臣三人的銀制靈塔，另有滾卻桑布的鍍金塑像，蓮花生及其八大弟子的塑像，此外還存放有手抄和印刷的《甘珠爾》各一部。德欽央孜主要供有第三代赤巴白瑪丹增的銀制靈塔，兩邊是迵・益西列珠和洛巴嘉措的銀制靈塔。前面是洛欽・達瑪西日的金制靈塔，此外，還供有寧瑪派方面的《十萬般若》一部。

（五）朗傑頗章

朗傑頗章位於桑俄頗章西北，由第四代赤巴赤列朗傑主持修建。高三層，用石塊砌成。坐西朝東。第一層有桑巴倫珠拉康，亦稱「原成就殿」，主供桑巴倫珠泥塑像；其旁邊為瑪尼拉康。二層有兩個佛殿，面積各四柱，分別繪有《白瑪嘎唐》故事圖和赤松德贊、寂護、蓮花生等人畫。第三層有喇嘛拉康，內供無量壽佛；還有《甘珠爾》殿，內供藏傳佛教經典《甘珠爾》。

| 小專題10 |

寧瑪派的護法神

寧瑪派五大護法神：格薩爾王、一髻佛母、毗紐天、金剛善護法、夜叉「紫瑪熱」。

格薩爾王是蓮花生大師的化身，能顯現種種神通。藏傳佛教認為他為造福雪域臣民，開啟了伏藏，並能為供奉者賜予財運，護持家業。

一髻佛母，意即密咒護持母，是甯瑪巴之主要三不共智慧護法之一。他護持出世間法之一切成就。

毗紐天能夠自在攝入五大（地、水、火、風、空），是甯瑪巴「三大不共護法」之一，他護持降伏法成就。

金剛善護法，意即「具誓金剛善」，駐守貢嘎雪山，為蓮師事業護法，護持世間法成就，是寧瑪派「三不共護法」之一。

夜叉「紫瑪熱」，又名「紫瑪」，為藏地最兇猛的（贊）與（魔）相配後所生之子。原為西藏原始苯教之護法神，猛力夜叉軍之首領，被蓮花生大師降伏後，為甯瑪巴不共的大力智慧護法。

三、敏珠林寺的藏香

　　敏竹林寺以其學術成就顯赫而著名，寺內喇嘛對梵語、古藏文、藏醫學和曆算均有很高的造詣，給後人留下了豐富的物質和非物質文化遺產，這成為敏竹林寺著稱藏地的重要原因。其中，尤以在藏醫學和天文曆算方面都堪稱權威。天文曆算方面主要是指敏珠林寺僧人長期負責研究和編寫修訂藏地所共用的《藏曆年表》。藏醫學方面則主要體現在指敏珠林寺在它所生產的藏香上（藏香屬於藏藥中的煙熏療法。其內包含了大量名貴的藥植物具有強身健體的功能，尤其對感冒的預防作用更強。當然，根據具體根據配方不同，而功效也相去甚遠。據載，藏地關於藏香的配方有180種之多）。

　　藏香是敏珠林寺的特產，在藏區享有盛譽。傳說是德達林巴・居美多吉大師在拉薩弘法期間，為了當地老百姓供養佛主、除障避邪等需要，根據秘方而創制出來的。後來，德達林巴・居美多吉住棲敏竹林寺時，藏香的生產也就移動到了敏竹林寺內。由於敏珠林寺藏香在預防傳染病的特殊功效，受了藏區廣大民眾的青睞。而敏珠林寺藏香的在古時專供布達拉宮、羅布林卡及內地宮廷使用的「御用」的身分，也為其在藏區贏得了更大的聲譽，

　　敏珠林寺的藏香製作工藝以父子或翁婿傳承為主。在原料主要採用藏紅花、長松蘿、紫檀香、白檀香、冰片、甘草等植

物製成，同時還有少量稀有原料。如一種水邊採集到的石頭，據說其中間有氣泡，這種氣泡也是原料之一；還有一種產自印度南部的成年鯊魚鱗，工人要在青石板上研磨10天，才能將其磨成粉末。

如今敏珠林寺藏香生產主要在寺中的南傑頗章內，在具體加工程式上，主要包括從原料加工、成型、整理涼幹和包裝幾個環節，除擠壓成型外，都是手工操作。通常3個工人在外間負責研磨原料。而在內間，1個工人負責操作成型的機器，7、8個工人負責攤涼，因此產量和成品率較低。

四、敏珠林寺的傳承與護法神

寧瑪派以傳承藏傳佛教前弘期流傳下來的的密宗教義及儀軌為主要特點，被認為是藏傳佛教中歷史最為悠久的派別。該派研習的伏藏法多是蓮花生大師所伏藏經典，因此，寧瑪派將蓮花生大師作為該派的創始人。

具體到敏珠林寺，在經典上，該寺主要傳承的是熱特林巴所掘出的「南藏」蓮花生經典。而在人員傳承方面，敏珠林寺傳承也採用了藏傳佛教活佛轉世的制度。但與格魯派班禪達賴尋找轉世靈童不同，敏珠林寺在寺主的繼承上主要是以父子或翁婿傳承（當然，並不完全限定血統關係上）。

從晉美多吉傳世開始，敏珠林寺的活佛已經傳承12代。因為是世襲制，敏珠林寺的活佛可以結婚。活佛去世後，由長子

繼承。如果活佛有幾個孩子，由年長的孩子繼承活佛之位，他的兄弟則會成為寺院的堪布，妹妹亦應成為尼姑。敏珠林寺規定唯有寺院最高的活佛可娶明妃生子進行傳承，其他僧人不能結婚生子。

歷史上敏珠林寺活佛雖沒有出現過沒有孩子的事情，但在十世時也曾出現過全部都是女兒的情形。不過，根據寧瑪派的教規和蓮花生伏藏經文指示，敏珠林寺還是尋找到了合適的繼承人。因此，如今第十三世敏珠林寺活佛東澤紮達仁波切身上仍真真切切地流著德達林巴大師的血液。

供奉護法神是寧瑪派寺院和密宗紮倉的一大特點。敏珠林的僧人們，每天都會舉行兩場護法神供會，以示對護法神的敬畏。作為寺院防禦敵人和惡魔的守衛者，敏珠林寺保存有大量的該寺護法神跡。如寺內祖拉康的牆壁上、門框、門楣上多繪有多頭多臂、面目猙獰的護法神像，北面丹瑪山上供奉著德達護法神的紅色護法神殿等。這些護法神像或單身、或雙身、或坐、或立、或飛、或舞、或抱等呈現不同姿勢，立體感強。同時又色彩濃烈，對比鮮明。這一塑造形式據載是與原始的苯教有著密切關係。據載，德達和拉姆為敏珠林寺所獨有的護法神，而主殿祖拉康北偏殿護法神殿裡供奉的殊勝黑如迦護法神為寧瑪派最重要的護法神。

寧瑪派的殊勝黑如迦護法神，又稱「善逝八法行者」，原是西藏苯教崇奉的護法神。後來佛教將他收入。他身體呈紫紅色，象徵憤怒。有21個頭，分成七層，每層3個頭，從下至上

由大變小，形成寶塔狀。每頭皆戴骷髏冠，頭上有熊熊火焰。每面顏色各異，有黑有藍有紅。正面共有21隻手，中間兩手擁抱明妃「瑪摩」。其餘手中皆持桃形物，上面寫有藏文。腰圍虎皮，項掛50人頭骨長項鍊。有8條腿，腳下踩著虎、獅、象、豬等動物及仰臥女。身後帶有鳥類翅膀。其明妃瑪摩，身呈藍色，有9頭，分三層，頭戴骷髏冠，每面3隻眼，顏色各不相同。共有18隻手，中間左手捧盛血人頭骨碗送到其嘴邊，右手抱其脖子，其餘手也持寫有藏文的桃形物。

小專題11

伏藏

　　「伏藏」，藏文稱「爹瑪」。「爹」義為「寶貴」、「值得保全」，是指一件很珍貴的東西被埋藏，最終再被發掘出來。據傳，蓮花生大師自從到西藏傳揚佛法後，發覺當時藏人的質素未足以接受密法，以及當時有些法的因緣尚未成熟，故離開西藏前，將很多教法、佛像、法藥埋在不同的領域裡—有的在瀑流，有的在山岩，有的在虛空，甚至有的在聖者的甚深禪定之中。寧瑪派所具有不共的伏藏，包括取藏特有的方法和原則。西元15世紀時，熱特林巴將上、下兩大掘藏師等所掘出的伏藏彙集到一起，稱為「南藏」。敏珠林寺的講修教典以南藏為主。西元16世紀仁增郭季定楚堅也掘出不少伏藏，並與前代所掘的彙集一起，稱為「北藏」。多吉紥寺的講修教典則以北藏為主。

「法耀衛藏」：
藏傳佛教格魯派祖庭
——甘丹寺

甘丹寺，又作「噶爾丹廟」、「噶丹寺」等，全稱為「卓甘丹南傑林」。它建於拉薩達孜縣境內拉薩河南岸海拔3800米的旺古爾山和貢巴山的山坳中，由藏傳佛教格魯派創始人宗喀巴大師於西元1409年親自籌建，並親自擔任首任法座，做為藏傳佛教最後興起的教派格魯派興建的第一座寺院，該寺院以組織體系完備，學僧學問精湛而著稱，至今，仍為世界各地藏傳佛教僧眾所嚮往。

一、甘丹寺的歷史沿革

甘丹寺是宗喀巴大師親自主持修建的。西元1409年，拉薩大昭寺的大祈願法會結束後，弟子們看到宗喀巴大師年事已高，尚無固定居所，便請求用大祈願法會所得的財物建造一座寺院。宗喀巴大師被弟子們的誠心深深地打動了的心，於是決定選址建寺。據甘丹寺志記載，當宗喀巴大師和弟子一行九人來到旺古兒山下，站在卓日山頂向下望去，發現兩山懷抱中有一片起伏開闊的山顛平壩，彷彿一個承載著芸芸眾生脫離生死苦海的巨型大船，在雲霧縹緲之中緩緩駛向極樂世界。師徒眾人激動不已，急忙從山頂來到平壩處仔細察看地形。正當這時，聽到釋迦牟尼佛在空中發出聲音說：在如此風水優美的地方建寺，將來對佛法和眾生定有大利，宗喀巴大師初步決定在該處修建寺院。之後，宗喀巴大師按照藏族傳統，專程到大昭寺釋迦牟尼佛像前進行祈禱，也出現了在旺古兒山建寺是最適合的受記，於是宗喀巴大師開始了具體修建寺院的相關事宜。當時，建寺的費用是由內鄔宗宗本仁青倫布父子和其他貴族提供的，寺院格局由宗喀巴大師親自設計，大師的弟子紮巴堅參和達瑪仁青二人負責寺院的具體施工。不到一年，寺院的佛堂、大經堂、寢殿和僧舍70餘間都初具規模。1410年2月5日，宗喀巴來到新建的甘丹寺，為新落成的措欽大殿和佛像進行盛大的開光儀式，並講授顯密經論。由此也標誌著一個注重戒律約束、講究

修行次第的新教派——格魯派開始誕生。從此，宗喀巴大師就在這座寺院安住，主持法座，從事佛學著述並實踐其宗教改革理想，使該寺成為格魯派的根本道場。1419年藏曆12月25日，宗喀巴圓寂，他的弟子賈曹傑繼承法位，成為了第二任甘丹赤巴。在賈曹傑和都增・絳巴堅贊的主持下，他們用信眾所獻的18升白銀在甘丹寺為大師建造了稱為「南傑卻典」（尊勝塔）的大靈塔。使甘丹寺在格魯派僧眾心目的聖地地位得以確立。

之後，由於格魯派在藏地政教權力的確立，在經歷世達賴喇嘛和西藏地方政府，以及各大王公貴族、著名高僧不斷地捐資修繕擴建下，甘丹寺規模不斷擴大，如在清雍正11年時（1733年），世宗皇帝御賜甘丹寺名「永泰寺」，十三世達賴時期，曾規定甘丹寺定編住寺僧人為就有3,300名，這些無不顯示了甘丹寺的巨大聲名和勢力。

1961年，甘丹寺被國務院列為國家一級文物保護單位後，多次對寺內主要建築進行了殿堂修補、金頂扶正、重刷油漆、粉刷牆面等方面修繕。1993年至1997年，國家和自治區政府撥專款2,600萬元，再次開展保護性維修，名叫「甘丹寺三大維修工程」。重修了宗喀巴靈塔，重繪了羊八井佛殿的壁畫，重印了《甘珠爾》和《丹珠爾》大藏經，維修了20多幢經堂、佛殿和僧舍。這次維修按照藏族傳統做法進行，重點對措欽大殿（大經堂）和絳孜紮倉（北頂僧學院）進行了修復。2011年，國家再次安排資金2,994萬元，對甘丹寺進行全面的保護性維修。如今的甘丹寺，再次煥發了新的生機。

二、甘丹寺的建築布局

　　甘丹寺占地15萬平方米，建築面積7.75萬平方米，主要有措欽大殿、宗喀巴寢殿、羊八井經院、宗喀巴靈塔祀殿等50多個殿堂，絳孜、夏孜兩個柴倉，23個康村、20個米村。從山下向上望去，整個寺宇迤邐回環，形如海螺，黃壁金瓦，巍峨壯觀。僧人從建寺時的500多人，到清朝發展成為定額3300人的大寺院，僅次於哲蚌寺和沙拉寺。

　　措欽大殿，又名拉基大殿或大經堂，漢地稱為大雄寶殿，是全寺僧人聚會誦經的地方。1409年，由達孜宗本索朗多吉資助修建，共三層，位於建築群的北半部，坐北朝南，由108根大柱構成，面積約2000平方米。1720年，郡王頗羅鼐加蓋了金頂；1749年，晉美多吉進行擴建，逐步形成了現在金頂紅牆的大殿。殿內主供未來佛強巴佛，後增供了宗喀巴鎏金銅像。殿中還設有5隻金色獅子承抬的法座，名為「甘丹拾赤」，也就是宗喀巴的法座。殿後左側有一小殿，內供宗喀巴靜坐時的禪床和用純金汁書寫的全套《甘珠爾》、《丹珠爾》藏文大藏經。殿中有一大柱非常奇特，離地面有一掌厚的距離，卻巋然不倒。有關這根大柱的來歷，還有一段神奇的傳說。相傳，在修建甘丹寺時，為了使大殿更加牢固，宗喀巴大師決定在大殿中間立一根大柱撐住殿頂，可是找遍拉薩地區也找不到那麼高大的樹木。後來，在西藏東部的原始森林裡找到了一顆大樹，

宗喀巴派人去砍伐。砍時，大樹被砍處一直流血，大家非常疑懼。樹砍倒後，便往回運，晚上運輸工人休息時大樹不見了，真是神奇，它又回去長在原地。運輸人員再次把樹砍倒，日夜不停地壓運，終於來到甘丹寺。大樹經加工成為圓柱，正好可以豎立在大殿正中，奇怪的是大柱不肯支撐，始終離地一掌。現在，凡來此朝佛之人都要摸一摸柱底，以祈禱吉祥平安。

宗喀巴寢殿即「赤托康」，它是宗喀巴和歷任甘丹赤巴生前起居和修習密法的地方，建於1409年。1720年，頗羅鼐索朗多吉進行了擴建，第七世達賴喇嘛加蓋了金頂。殿內主供文殊菩薩、尊聖佛母和大白傘蓋佛母等鎏金銅像。還設有修習密法的本尊壇城，即密集、勝樂、大威德、金剛手等四個曼荼羅和宗喀巴生前用過的袈裟、坐墊、印章，以及歷任甘丹赤巴的衣物等，故又稱為「存衣殿」。

羊八井佛殿是甘丹寺中僅次於措欽大殿的第二大建築，整座佛殿由護法殿、上師殿、壇城殿、靈塔殿等組成。1409年開工建設，1416年建成，面積72根大柱（每柱約25平方米）。1417年，擴建後殿、護法殿和有70根柱子的迴廊，雕製了金像和立體壇城。護法殿內造立大威德、法王父母、文殊菩薩、無量壽佛、尊勝佛母、白傘蓋等金像。1610年，第四世班禪羅桑確吉堅參設置金頂。1757年7月乾隆皇帝派人送來的上面鑲嵌金銀珠寶的御用盔甲也供奉在這裡。

靈塔殿是供奉宗喀巴及其弟子「文殊藏巴七人」靈塔的殿堂，位於羊八井大殿上層。1419年，宗喀巴大師圓寂後，嘉曹

傑和棨巴堅參用乃東、止貢和內鄔宗等地所獻的金銀財物修建的，並用18大升白銀鑄造靈塔。第50任甘丹赤巴格頓平措用蒙古固始汗之孫洛桑丹增所獻的青海地區一年稅收折合的黃金，在原銀質靈塔外包裹金皮，成為金靈塔。1921年，第十三世達賴喇嘛再次加以修葺。原塔外罩有蒙古包狀的檀香木帳幕，帳內有簾幔，塔頂覆以傘蓋，精緻華美，可惜後來遭到毀壞，直到1981年才重修。殿內供奉著宗喀巴弟子大慈法王的兩大弟子阿穆迦和索朗喜饒所獻的十六羅漢、四大天王、集密金剛等繡唐像。還有宗喀巴本尊塔、桑傑仁青的菩提塔、南卡堅參的尊勝塔等。

羊八井大殿的內室（即後殿）有宗喀巴大師親自設計建造的金銅質「圖旺次程瑪」（有說是觀世音菩薩的化身伏魔像，即能仁屍羅母），高出大昭寺釋迦牟尼佛像一拃。郡王頗羅鼐時期在裡面增建了佛龕等。佛龕左側依次有嘉曹傑、克主傑、貝丹桑波、仁欽歐色等甘丹赤巴的本尊像無量光佛、釋迦如來、尊勝塔、無量光佛等像。哇索・曲傑堅參擔任赤巴期間，將殿向南擴建。17世紀，第巴吉雪巴和第巴達孜瓦鑄造的金質釋迦牟尼佛和彌勒佛像供在其中。

護法殿中供奉著1418年宗喀巴用珠寶和藥泥雕塑的九面三十四臂十六足金剛大威德像，其左右兩側是閻摩德迦父母像和六臂怙主、四臂天母、四夜叉等像。郡王頗羅鼐時期，在像周圍設置了鐵網。

壇城殿，也叫「修法供奉殿」，建於1418年，共有三座壇

城（金科）。中間三十二集密不動金剛像採用的是印度風格，其左側（東面）為魯俄巴所傳勝樂六十二尊像，右側（西面）是金剛界壇城無量宮。每一尊像都用白銀製成，鑲嵌各種珠寶。另外，還有菩提塔和尊勝塔。

在響銅殿中，供奉著乃東法王柴巴堅贊獻給宗喀巴的釋迦牟尼伏魔像和以大威德金剛為主的密宗本尊像108尊。

上師殿主供宗喀巴的3尊銀像和2尊金像。另有藥師佛像和阿底峽、仲敦巴、五世達賴三人銀像。珍藏著宗喀巴和阿底峽兩人的傳記唐卡畫各一幅，十六羅漢畫62幅，宗喀巴全集16函、金字《甘珠爾》一套等。大殿三層上師殿中有十幾位高僧的靈塔；善逝殿有十幾尊銀質靈塔。

羊八井大殿左側的彌勒佛殿供有傳說是從印度飛來的金質彌勒佛像。巨型銀塔中供奉格魯派的本尊十三尊金剛大威德、彌勒佛、無量光佛、宗喀巴金像，被視為寺院的珍品。五供殿供有宗喀巴的牙齒、舍利子和自然形成的帶有石紋的文殊菩薩像、宗喀巴的本尊千手千足千頭大白傘蓋唐卡畫。還有克主傑親手塑造的宗喀巴泥塑像。此外，該殿內還供有宗喀巴親手雕刻的釋迦牟尼象牙佛像、龍樹用恒河泥沙親手塑造的佛像，其中以宗喀巴頭髮裝藏的宗喀巴像最受人們崇拜。

三、甘丹寺的寺院組織與法會

甘丹寺作為格魯派的祖寺，實行「赤巴」（即首座，宗喀

巴的法統繼承人）負責制，「甘丹赤巴」實際上是格魯派的法王，由兩大紮倉的法王輪流升任。格魯派實行活佛轉世，有了達賴和班禪兩大活佛系統以後，甘丹赤巴的地位有所下降。但是，他有權直接參與地方政府的一切決策，處理複雜的宗教事務。在甘丹赤巴的領導下，寺院設拉吉（議事會議機構）、紮倉、康村三級管理組織。拉吉由兩個紮倉堪布、兩名大管家、翁則（領誦師）、仲譯（秘書）等人組成，負責管理全寺的政教事務。下設的措欽吉索（總管）、措欽協俄（總法官，又稱大鐵棒喇嘛）、措欽翁則（總引經師）等執事僧具體管理全寺的莊園收支、紀律糾紛、誦經學習等。

甘丹寺的二級組織紮倉有兩個，即絳孜紮倉和夏孜紮倉。紮倉的最高負責人是法王，下設堪布、管家（強佐）、格貴（鐵棒僧）、翁則、雄勒巴（學監）等組成紮倉委員會。絳孜紮倉，意為「北頂僧院」，由宗喀巴的親傳弟子霍爾頓·南喀貝瓦所建（也說是由宗喀巴的大弟子嘉曹傑所建），坐西朝東，其大經堂面積84柱，約930平方米，可同時容納1500人誦經。第三任（實為第二任）甘丹赤巴克珠傑擔任赤巴期間，作為寢室和日常起居修行之地。大殿內主供釋迦牟尼給弟子們說法像和護法女神吉祥天女（貝丹拉姆）像，以及傳說是克珠傑親自建造的集密金剛壇城與本尊金剛大威德單身像。

夏孜紮倉，意為「東頂僧院」，係宗喀巴親傳弟子夏爾巴·仁欽堅贊所建（又說是克珠傑所建），位於旺古兒山西梁，坐南朝北，其大經堂有88根大柱，面積近1000平方米。兩

大紮倉除學習傳統的顯宗五部大論外，重點學習宗喀巴師徒三人的論著。一般絳孜紮倉的堪布由下密院卸任堪布升任，夏孜紮倉的堪布由上密院卸任堪布升任，分別稱為絳孜卻傑（絳孜法王）和夏孜卻傑（夏孜法王），主要負責紮倉內部的行政和教務工作。只有絳孜法王和夏孜法王，才有資格升任甘丹赤巴，繼承宗喀巴法座，這在格魯派是一個至高無上的法位。

康村是紮倉下面管理僧人的基層組織，兩個紮倉共有23個康村，是按僧人戶籍所在的地區劃分的。其最高負責人是「格根」（長老），一般由學識淵博、德高望重的年長僧人擔任。

甘丹寺一年有不少大大小小的法會或宗教節日，其中影響較大的有「甘丹阿曲」和「甘丹繡唐」兩大節日。甘丹阿曲，意譯為「甘丹五供節」，俗稱「燃燈節」。1419年藏曆10月25日，宗喀巴大師圓寂的當晚，甘丹寺各大佛殿、僧舍院落、屋頂上點燃無數酥油燈祭饗。幾百名金剛阿闍黎建立曼荼羅壇城，不斷地念誦時輪、勝樂、集密、大威德、呼金剛、大輪、無量壽、普明等經。此後，年年如此，便形成了僧俗共同的節日。

甘丹繡唐，是指甘丹寺珍藏的明朝永樂皇帝所賜的繡有十八羅漢、釋迦牟尼、四大天王和各種花草樹木的彩色絲線繡成的24幅唐卡。大慈法王從內地帶回來後，宗喀巴大師視為珍貴的禮品，加以供奉，規定每年藏曆正月展示三周，第一周在措欽大殿展出，讓僧眾朝拜瞻仰；第二周在赤妥康（宗喀巴寢殿）展出，讓區內信眾朝拜瞻仰；第三周在色托康展出，讓遠

道而來的區內外四眾弟子朝禮瞻仰。三周展示結束後，又珍藏起來。這一活動稱為「甘丹繡唐節」，後來便成為甘丹寺的一個宗教節日。

此外，藏曆6月15日的甘丹寺「展佛節」也很隆重。節日當天，全寺僧眾聚集大經堂舉行法會，念誦「戒布薩」。之後，16位青年僧人抬著一幅長26米、寬10米的釋迦牟尼佛巨幅唐卡至展佛台展出，半小時後收起來再送回羊八井佛殿珍藏。有時，「甘丹阿曲」節期間也舉行展佛。

四、歷史上的著名「甘丹赤巴」

甘丹寺歷史悠久，自宗喀巴大師擔任首任「甘丹赤巴」以來，距今已傳至102任，這些擔任過「甘丹赤巴」者每一位都是當時優秀的佛學家，為格魯派的教法發展和教派興盛作出了他們應有的貢獻，為後世所稱道，這裡，我們列舉幾位著名「甘丹赤巴」以展示這一職位人才輩出。

（一）賈曹傑・達瑪仁欽

賈曹傑・達瑪仁欽（西元1364-1432年）是宗喀巴的上首弟子，第2任甘丹赤巴，1364年，他出生於後藏娘堆日囊（今江孜縣境內）地區。10歲時，在乃寧寺堪布仁欽堅贊和紮托巴・循努崔臣座前受沙彌戒，之後，先後跟隨拜崗堅・貢嘎貝、嘎希巴・仁欽多吉、仁達瓦・循努洛追等人學習顯密諸

法，並遊學薩迦、桑普、澤當等前後藏，以聲明卓著聞名。後在聆聽宗喀巴大師講經後，對宗喀巴大師心生崇敬，於是拜入宗喀巴大師門下，輔佐其傳教事業。1419年，宗喀巴大師在臨終之前將法帽、僧衣傳給達瑪仁欽，指定其為接班人，被眾弟子推為甘丹寺第二任住持金法台，其名之前的「賈曹傑」就是法王代理人的意思。1432年，賈曹傑逝世於布達拉宮，享年69歲。賈曹傑・達瑪仁欽著有《中觀根本智論解說》、《量釋論大解》、《入中論攝義》等8卷（文、本），其中《能顯解脫道論》是對釋量論典的注疏，為格魯派學經制中的必修教材。

（二）克珠傑・格勒貝桑

　　克珠傑・格勒貝桑（西元1385-1438年）為第3任甘丹赤巴。他出生在後藏拉堆降的多雄（今昂仁縣境內）地區。幼年時，從堪欽・僧格堅贊和嘉瑪・雲丹沃座前受沙彌戒，賜名格勒貝桑布。其後拜薩迦派高僧仁達瓦・循努洛追、道果・益西貝等為師學習因明、中觀、般若、律經，俱舍論及各種密宗經典並遊學于後藏諸寺，並以辯論獲得聲譽。18歲時，克珠傑・格勒貝桑在仁達瓦大師的指引下，到拉薩拜見宗喀巴大師，因對宗喀巴大師的淵博知識敬佩，於1407年正式拜大師為師，致力於傳播和維護宗喀巴的教義，號稱宗喀巴的第二大弟子。1431年，克珠傑・格勒貝桑出任甘丹寺第3任赤巴，在8年任期中，他為宗喀巴靈塔修建金頂，在寺內開闢講經道場。1438年，克珠傑・格勒貝桑上任上圓寂。他後來又被追認為第一世

班禪，其遺體火化後的舍利子現存於甘丹寺銀制尊勝塔中。克珠傑‧格勒貝桑著作有80多函，其中《時輪注疏》、《因明七論注疏》為教內學修所共知。

（三）班欽‧索南紮巴

班欽‧索南紮巴（西元1478-1554年）為甘丹寺第15任赤巴。他於1478年出生在西藏山南澤當地方。自幼求學於澤當寺，於欽布‧索南紮西座前出家為僧，取名索南紮巴。16歲來到拉薩，先後在桑普寺、尼瑪塘寺、沙拉寺學習，20歲時在沃那寺喇嘛桑吉桑布和仁欽曲桑處受比丘戒。34歲時，班欽‧索南紮巴出任沙拉寺上密院羅本（經師），教授密續。1529年，52歲時，班欽‧索南紮巴出任第15任甘丹赤巴，7年後離任甘丹赤巴。之後到哲蚌寺擔任堪布，於1554年去世，享年77歲。索南紮巴學識淵博，對佛學、歷史、文學等學科有精闢的論述和獨到的見解，其中的《新舊噶當教史》、《新紅史》、《甘丹格言》尤為著作。

（四）阿旺卻丹

阿旺卻丹（西元1677-1751年）為第54任甘丹赤巴、第一世熱振活佛，1677年出生在今青海省海南藏族自治州尖紮縣。11歲在夏瓊寺出家，1691年到沙拉寺切巴紮倉桑羅康參學經，並在五世班禪羅桑益西座前受比丘戒；1705年任下密院格貴；後回到安多，在夏瓊寺、塔爾寺、佑寧寺和廣惠寺立宗答辯，

聲名卓著；1710年任阿裡托林寺堪布，在阿裡傳法7年；1719年任下密院堪布；1728年到泰甯寺任七世達賴喇嘛的經師，隨侍7年。1739年，63歲時出任甘丹赤巴；1751年在熱振寺去世。

（五）阿旺楚臣

　　阿旺楚臣（西元1721-1791年）為第61任甘丹赤巴、第一世策墨林活佛，1721年出生在今甘肅省甘南卓尼縣。7歲入卓尼寺五大屬寺之一岔道爾寺（今臨潭縣境內）為僧；16歲到卓尼寺學經；23歲開始在拉薩沙拉寺麥紮倉岔道爾康參學經；1758年在拉薩傳召大法會期間榮獲拉然巴格西第1名；隨後歷任上密院的格貴、喇嘛翁則堪布和甘丹夏孜確傑等職；1762年奉乾隆禦旨入京任雍和宮住持堪布，歷時16年，其間曾將《甘珠爾》譯成蒙文，被清廷賜予「諾敏汗薩瑪蒂法師」名號；1777年因第穆呼圖克圖圓寂，由清政府欽命擔任攝政王和八世達賴喇嘛經師；第二年，任甘丹赤巴；1785年卸職；1786年第二次進京任御前喇嘛，1791年回到拉薩，同年在沙拉寺圓寂。

小 結

總之，藏傳佛教各宗派寺院如天上的繁星般點綴在雪域高原，
其自身所蘊含的建築美學和人文特徵成為弘傳藏傳佛教思想的
重要載體，傳播著佛陀身、語、意的教誨，並引來無數的僧眾
頂禮、膜拜、嚮往。而這些宗派寺院所呈現給我們的寺院歷史
的長久性、寺院傳承的宗派性、寺院布局的創造性及寺院功能
的複合性特徵，則將不斷為更多的人們認識和領閱。

血歷史130　PA0094

新銳文創
INDEPENDENT & UNIQUE

人天居所
——藏傳佛教宗派名寺

作　　　者	何杰峰
責任編輯	鄭夏華
圖文排版	周妤靜
封面設計	王嵩賀

出版策劃	新銳文創
發 行 人	宋政坤
法律顧問	毛國樑　律師
製作發行	秀威資訊科技股份有限公司
	114 台北市內湖區瑞光路76巷65號1樓
	電話：+886-2-2796-3638　傳真：+886-2-2796-1377
	服務信箱：service@showwe.com.tw
	http://www.showwe.com.tw
郵政劃撥	19563868　戶名：秀威資訊科技股份有限公司
展售門市	國家書店【松江門市】
	104 台北市中山區松江路209號1樓
	電話：+886-2-2518-0207　傳真：+886-2-2518-0778
網路訂購	秀威網路書店：https://store.showwe.tw
	國家網路書店：https://www.govbooks.com.tw

出版日期	2018年7月　BOD一版
定　　　價	220元

國家圖書館出版品預行編目

人天居所：藏傳佛教宗派名寺 / 何杰峰著. -- 一
版. -- 臺北市：新銳文創, 2018.07
　　面；　公分. -- (血歷史；130)
　　BOD版
　　ISBN 978-957-8924-28-4(平裝)

　1.寺院 2.藏傳佛教 3.西藏自治區

227.266　　　　　　　　　　107011250

讀者回函卡

感謝您購買本書，為提升服務品質，請填妥以下資料，將讀者回函卡直接寄回或傳真本公司，收到您的寶貴意見後，我們會收藏記錄及檢討，謝謝！
如您需要了解本公司最新出版書目、購書優惠或企劃活動，歡迎您上網查詢或下載相關資料：http:// www.showwe.com.tw

您購買的書名：_____

出生日期：_____年_____月_____日

學歷：□高中 (含) 以下　　□大專　　□研究所 (含) 以上

職業：□製造業　□金融業　□資訊業　□軍警　□傳播業　□自由業
　　　□服務業　□公務員　□教職　　□學生　□家管　　□其它_____

購書地點：□網路書店　□實體書店　□書展　□郵購　□贈閱　□其他

您從何得知本書的消息？

　□網路書店　□實體書店　□網路搜尋　□電子報　□書訊　□雜誌

　□傳播媒體　□親友推薦　□網站推薦　□部落格　□其他_____

您對本書的評價：(請填代號　1.非常滿意　2.滿意　3.尚可　4.再改進)

　封面設計____　版面編排____　內容____　文／譯筆____　價格____

讀完書後您覺得：

　□很有收穫　□有收穫　□收穫不多　□沒收穫

對我們的建議：_____

_____

_____

_____

11466
台北市內湖區瑞光路 76 巷 65 號 1 樓

秀威資訊科技股份有限公司　　收

BOD 數位出版事業部

....

（請沿線對折寄回，謝謝！）

姓　　名：＿＿＿＿＿＿＿＿＿　年齡：＿＿＿＿　性別：□女　□男

郵遞區號：□□□□□

地　　址：＿＿＿＿＿＿＿＿＿＿＿＿＿＿＿＿＿＿＿＿＿

聯絡電話：(日) ＿＿＿＿＿＿＿＿＿ (夜) ＿＿＿＿＿＿＿＿＿

E-mail：＿＿＿＿＿＿＿＿＿＿＿＿＿＿＿＿＿＿＿＿＿